Héroes negros

Historias inspiradoras de resistencia, valor y triunfo contra la adversidad

© Copyright 2024

Todos los derechos reservados. Ninguna parte de este libro puede ser reproducida de ninguna forma sin el permiso escrito del autor. Los revisores pueden citar breves pasajes en las reseñas.

Descargo de responsabilidad: Ninguna parte de esta publicación puede ser reproducida o transmitida de ninguna forma o por ningún medio, mecánico o electrónico, incluyendo fotocopias o grabaciones, o por ningún sistema de almacenamiento y recuperación de información, o transmitida por correo electrónico sin permiso escrito del editor.

Si bien se ha hecho todo lo posible por verificar la información proporcionada en esta publicación, ni el autor ni el editor asumen responsabilidad alguna por los errores, omisiones o interpretaciones contrarias al tema aquí tratado.

Este libro es solo para fines de entretenimiento. Las opiniones expresadas son únicamente las del autor y no deben tomarse como instrucciones u órdenes de expertos. El lector es responsable de sus propias acciones.

La adhesión a todas las leyes y regulaciones aplicables, incluyendo las leyes internacionales, federales, estatales y locales que rigen la concesión de licencias profesionales, las prácticas comerciales, la publicidad y todos los demás aspectos de la realización de negocios en los EE. UU., Canadá, Reino Unido o cualquier otra jurisdicción es responsabilidad exclusiva del comprador o del lector.

Ni el autor ni el editor asumen responsabilidad alguna en nombre del comprador o lector de estos materiales. Cualquier desaire percibido de cualquier individuo u organización es puramente involuntario.

Índice

INTRODUCCIÓN 1
CAPÍTULO 1: VIAJERA DESAFIANTE: LA ODISEA DE HARRIET TUBMAN 3
CAPÍTULO 2: CAMPEÓN INCÓLUME: EL VIAJE DE NELSON MANDELA 14
CAPÍTULO 3: EL INTELECTO EN ALZA: LA MAESTRÍA MATEMÁTICA DE KATHERINE JOHNSON 25
CAPÍTULO 4: RENACIMIENTO DEL RITMO: LAS INNOVACIONES DEL JAZZ DE DUKE ELLINGTON 36
CAPÍTULO 5: LA FUERZA SILENCIOSA: ROSA PARKS Y EL BOICOT DE AUTOBUSES DE MONTGOMERY 47
CAPÍTULO 6: LUMINARIA LITERARIA: LAS SABIAS PALABRAS DE MAYA ANGELOU 57
CAPÍTULO 7: EL GUERRERO GENTIL: LA CRUZADA PACÍFICA DE DESMOND TUTU 68
CAPÍTULO 8: CAMPOS DE LIBERTAD: EL GENIO AGRÍCOLA DE GEORGE WASHINGTON CARVER 78
CAPÍTULO 9: LA VOZ DEL CAMBIO: EL SUEÑO DE IGUALDAD DE MARTIN LUTHER KING JR. 89
CAPÍTULO 10: PIONERA EN EL CIELO: LAS AVENTURAS AÉREAS DE BESSIE COLEMAN 99
CONCLUSIÓN 108
MIRA OTRO LIBRO DE LA SERIE 110
REFERENCIAS 111
FUENTES DE IMAGENES 119

Introducción

Los medios le han dado a la identidad negra una terrible imagen que nos identifica como criminales, matones o payasos. Este peligroso concepto erróneo les ha impuesto limitaciones a los negros de todos los continentes durante muchas generaciones. Cuando te pones a pensar de forma independiente y ves las caras reales de los héroes negros de todo el mundo, ninguna representación distorsionada te podrá engañar. La cultura se crea a través de las tradiciones, la identidad compartida y las historias. Transmitir los relatos de las vidas revolucionarias de estos héroes negros sembró las semillas del empoderamiento. Al mantener viva su memoria, se contribuye a apartar la engañosa red de representaciones inexactas acerca de los africanos en todo el mundo.

La historia de los negros y de la gran valentía que han exhibido frente a la adversidad no tiene parangón. Estos iconos culturales se alzan como colosos de la experiencia, del dominio, de la rebelión y de la contribuciones positivas de la raza negra. Examinar a estos gigantes históricos puede ayudar a la humanidad a reflejar los rasgos positivos de sus notables vidas. Sus inspiradoras historias conmueven incluso a los corazones más duros. Gracias a su inquebrantable valor y determinación, se alzan para estampar sus nombres en la cadena ininterrumpida de la historia humana.

Contar la historia de los negros revela la grandeza del pueblo africano en la diáspora y en el continente. La lucha de estos héroes contra sus limitaciones y la discriminación social capta la esencia del inquebrantable espíritu humano. Este texto para principiantes hace un repaso exhaustivo de héroes legendarios como Maya Angelou, el Dr. Martin Luther King Jr. y Harriet Tubman. A través de sus acciones, podrás inspirarte para mantener encendidas las llamas del progreso y hacerlas crecer hasta convertirlas en un incendio.

Esta inmersión en profundidad en sus vidas, luchas y logros actúa como faro de su brillantez. Sus contribuciones cambiaron el mundo y dejaron un legado que perdurará en el tiempo. La historia despierta las enseñanzas de los antepasados. Estudiar la vida de estas grandes personalidades establece un listón al que aspirar, así como un hito que superar. La belleza de estudiar los registros históricos es que la humanidad puede construir colectivamente sobre la sabiduría de las personas que vinieron antes. Las interminables lecciones de las inspiradoras vidas de estos héroes negros esculpen en piedra la contribución africana a la configuración del mundo moderno. Las puertas que han abierto han mejorado la sociedad actual para muchos, pero a través de sus historias, el testigo pasa a la siguiente generación.

Sumérgete en los tumultuosos viajes que forjaron las leyendas de estos héroes inolvidables. Contempla su valentía, justicia, determinación e inteligencia. Explorar estas historias revela un viaje emocional de triunfos y tribulaciones que formaron algunas de las mayores narraciones históricas que dejado su huella a nivel global. A través de estas historias, las contribuciones de los africanos globales al mundo se colocan sobre una colina para que todos las vean, en lugar de quedar ocultas en la oscuridad de la mala educación.

Capítulo 1: Viajera desafiante: La odisea de Harriet Tubman

"Empecé con esta idea en la cabeza: hay dos cosas a las que tengo derecho, la muerte o la libertad".

- Harriet Tubman

A principios del siglo XIX se cernían oscuros nubarrones sobre los Estados Unidos... una nación, joven y vibrante, que estaba trágicamente dividida. Durante este tiempo, millones de personas estaban cautivas en la monstruosa institución de la esclavitud en los estados del Sur, sin esperanza de libertad. Este asunto de la esclavitud era como una enfermedad incurable que mataba lentamente el cuerpo de la nación; un parásito de en el alma de este país, que succionaba la energía de vida de su gente negra con temerario abandono. La esclavitud le negó los derechos humanos básicos a innumerables afroamericanos. Muchos de ellos nacieron en el sistema de esclavitud, y las familias fueron separadas, para no volver a unirse nunca más durante este tiempo.

La esclavitud negó los derechos humanos básicos a innumerables afroamericanos [1]

Era una época en la que a todo un pueblo no le consideraba formado por personas con tal. Hombres, mujeres y niños eran tratados como objetos, transportados y vendidos como carne y verduras en el mercado. Sus días no eran suyos. No tenían más vida que la que se les pedía. No tenían más remedio que hacer el agotador trabajo que les exigían sus dueños. El miedo flotaba en el aire mientras diferentes generaciones de esclavos se movían con pasos silenciosos y cabezas inclinadas. Al sonido del látigo, todos recordaban constantemente el castigo que aguardaba a cualquier forma de desobediencia. No se trataba de una pesadilla lejana de la que despertaban si se pellizcaban lo suficiente. Ni siquiera litros de agua tan fría que les hiciera rechinar los dientes los despertaba a una cálida sonrisa o una habitación tranquila. Esta era la realidad del pueblo, la brutal realidad de la esclavitud.

Pero, mientras esta oscuridad atenazaba al pueblo, se encendió un destello de esperanza, una llama que más tarde se convertiría en un incendio. Nació en esta dura realidad, alrededor de 1820, en la costa este de Maryland, en el condado de Dorchester, una niña que, como descubrimos más tarde, estaba sin duda destinada a la grandeza. La niña se llamaba Araminta Ross. Nació en el seno de una familia esclavizada, siendo sus padres Ben y Rit Ross, ambos propiedad de Anthony Thompson y Mary Pattison Brodess, respectivamente. La unión de sus propietarios unió a la familia esclavizada durante todo el tiempo que pudieron, siendo Harriet la hija del medio entre nueve hermanos esclavizados.

Hija de la esclavitud

Desde muy pequeña, Harriet conoció bien la definición de penuria. Fue arrancada de su madre, que fue destinada a servir en la temida "casa grande". Al quedarse sin cuidados maternos, Harriet se convirtió en madre de sus hermanos, a pesar de que apenas era una niña. La mayoría de sus hermanos fueron posteriormente vendidos a distintas partes del mundo por la familia Brodess, propietaria de ella y de su familia. El hijo de Mary Brodess, Edward, vendió lejos a tres de las hermanas de Harriet, destrozando su vínculo familiar. No fue la única vez que intentaron separarlas. Un comerciante de Georgia llegó incluso a comprar a Moses, el hermano pequeño de Harriet. Pero su madre, Rit, se mantuvo firme. No dejó que se llevaran ni un pedazo más de su familia. Este valiente acto de rebeldía dejó una huella imborrable en la joven Harriet, mostrándole el poder de la lucha.

A la tierna edad de cinco o seis años, fue arrancada de nuevo, obligada a ser niñera de una cruel mujer llamada "Señorita Susan". Sus noches en casa de la señorita Susan estaban llenas de la amenaza constante del látigo. Normalmente se le asignaba la tarea de mecer al bebé de la casa para que se durmiera, y si en algún momento el bebé gemía como suelen hacer los bebés, Harriet apretaba los ojos al pensar en el castigo que estaba destinada a recibir por el imperdonable crimen de un bebé inquieto. La violencia física era tan normal como lavarse los dientes a diario para Harriet y su familia. Los azotes que solían darle eran brutales y dejaban cicatrices grabadas no sólo en su piel, sino también en su alma. Un día recibió cinco latigazos que quedaron tatuados en su piel para el resto de su vida.

Con su mente inteligente y desafiante, la pequeña Harriet pronto encontró formas de resistirse a sus opresores. Desaparecía durante días, a veces sólo para saborear fugazmente la libertad. Utilizaba varias capas de ropa como escudo improvisado, en un intento desesperado por protegerse de los golpes y los latigazos. Cuando la llevaban al límite, se defendía, rugiendo como un tigre primitivo, dispuesta a devorar a alguien hasta los huesos.

Harriet Tubman[2]

Cuando Harriet se hizo mayor, la vida no fue más fácil. De nuevo la enviaron a trabajar para otro amo. Esta vez, era un plantador llamado James Cook. Mientras trabajaba para Cook, la joven apenas tuvo descanso. No tardó en verse atrapada en la red de diferentes enfermedades debido a su exposición a las duras condiciones climáticas. Incluso cuando enfermó de sarampión, se vio obligada a recorrer los pantanos revisando trampas. La enfermedad la afectó tanto que tuvo que intervenir su madre para curar su joven cuerpo. El reencuentro fue un soplo de aire fresco para la niña, pero por desgracia no duró mucho. Poco después de recuperarse, tuvo que volver al brutal ciclo de ser alquilada a diferentes amos.

Un cráneo roto con un alma desafiante

Pasaron los años y Harriet se hizo más fuerte mientras su trabajo se hacía aún más duro. Pasaba la mayor parte del tiempo en los campos y en los bosques más espesos, domando bueyes, luchando con arados y transportando troncos que pesaban tanto como la carga de la esclavitud sobre sus hombros. Ejecutaba su trabajo con toda la fuerza y diligencia de que era capaz. Privilegiaba el trabajo físico en las plantaciones sobre las tareas domésticas de interior reservadas a las mujeres esclavizadas de la época.

En 1835 llegó un momento decisivo en la vida de Harriet. Acababa de cumplir trece años. La niña fue enviada a una tienda de productos secos para abastecerse, donde se encontró con un capataz y un esclavo que huía. El capataz había pedido a Harriet que atrapara al esclavo, pero la niña se negó y dejó que el esclavo se alejara. El capataz se enfureció tanto que lanzó una pesa de metal contra el esclavo que huía. Por desgracia para Harriet, la pesa le dio en la cabeza, ya que estaba en medio. El golpe le abrió el cráneo y la dejó inconsciente. Aguantó dos días sin ningún tipo de atención médica, y es un milagro que saliera con vida.

Con esta lesión, que ponía en peligro su vida, llegaron muchas convulsiones, fuertes dolores de cabeza y episodios narcolépticos que se convirtieron en una nueva y aterradora normalidad para la joven. Estas convulsiones le robaban el conocimiento, pero la dejaban extrañamente consciente del mundo que la rodeaba. Llevaría consigo esta desafortunada experiencia el resto de su vida. Pero, de las cenizas del dolor, surgió algo extraordinario. Harriet empezó a tener sueños vívidos en los que se desarrollaban visiones, susurros de lo divino que encendieron en ella una fe apasionada.

Aunque no podía leer las historias de la Biblia que su madre compartía con ella y sus hermanos, atesoraba las historias de liberación del Antiguo Testamento y las guardaba en lo más profundo de su alma. Esta nueva fe se convirtió en su guía, y la historia de Moisés y los israelitas le hizo creer que algún día guiaría a su pueblo hacia la libertad.

El Moisés de su pueblo

Harriet había cambiado su nombre de Araminta a Harriet en honor a su madre. En 1844 se casó con un hombre libre del que tomó el apellido *Tubman*. Cuando su dueño falleció, corrían rumores sobre el futuro de los esclavizados, incluida su familia, y sobre cómo serían vendidos y dispersados por todo el país. Con este dolor en el corazón y estando algo debilitada por su enfermedad, una decisión se endureció en su alma: escapar. Y así, el 17 de septiembre de 1849, Harriet emprendió la huida de la esclavitud de Maryland con dos de sus hermanos a Filadelfia, dejando atrás a su marido, John Tubman.

No fue una decisión tomada a la ligera, pero reunió el valor para hacerlo. Antes de que la minifamilia pudiera ir muy lejos, el periódico local *Cambridge Democrat* publicó un anuncio de un cazarrecompensas que prometía una cuantiosa recompensa de trescientos dólares estadounidenses por la captura de Harriet. Esta noticia despertó el temor de sus dos hermanos, que en un principio se habían unido a su búsqueda de la libertad. Los chicos no querían problemas, así que decidieron regresar a Maryland y seguir trabajando como esclavos.

Pero Harriet no se dejaría convencer. Había estado demasiado cerca de la libertad como para dejarlo todo en ese momento. Así que, en lugar de rendirse, se despidió de sus hermanos, garantizando su seguridad, y luego se aventuró sola hacia Pensilvania. En ese momento, el Ferrocarril Subterráneo simbolizaba para ella una red de rutas secretas y casas seguras, un camino hacia la libertad velado en la oscuridad. Durante casi 90 millas, Harriet recorrió este camino, cada paso impulsada por el ardiente deseo de una nueva vida.

Durante el camino, Harriet debió de volcar su corazón en su querido diario.

Querido diario,

Hoy he comenzado mi viaje hacia el norte, hacia la libertad. Parece un camino largo e interminable, pero es la promesa de una nueva vida. Noventa millas parecen imposibles, pero cada paso me acerca más a ese sueño que me ha mantenido en pie todos estos años como esclava. El camino no parece llano, y los recuerdos de la plantación siguen rondando mi cabeza. El peso de la esclavitud cuelga de mi piel como viejas cicatrices. Pero con cada milla, me siento menos esclava. Es como si la propia tierra quisiera que fuera libre, y yo no la decepcionaría.

A veces temo que me descubran, miro por encima del hombro y estoy atenta a cualquier cosa o persona que pueda atraparme. Cada sonido me hace saltar, como un recordatorio del peligro que me rodea. Pero tengo una razón para seguir adelante, una más fuerte que cualquier otra cosa. No estoy huyendo, estoy luchando por mi libertad como lo haría un verdadero soldado. Como mi madre me había enseñado. Cada milla recorrida me acerca más a un lugar donde ya no seré esclava, donde por fin podré ser libre.

Pienso en todas las personas que intentaron escapar antes que yo. Son como voces en mi cabeza, cantando canciones de libertad. Todos los que acabaron siendo capturados y devueltos a la esclavitud, o peor aún, asesinados. Su valor me da fuerzas, e incluso en la oscuridad, sus historias me empujan hacia la luz de un nuevo día.

Noventa millas es un largo camino, pero la libertad es más que la distancia que uno puede correr, se trata de la verdadera fuerza de uno y de las cosas que lo hacen fuerte. No importa lo que el mundo me depare, no me rendiré. Hay una vida mejor esperándome al otro lado, y estoy deseando tenerla.

Con amor,

Harriet

Finalmente, cruzó la frontera hacia Pensilvania, un estado libre. Harriet sintió que décadas de alivio la inundaban como una ola. Al pisar suelo libre, se miró las manos, con una sensación de incredulidad brillando en sus ojos. ¿Era realmente libre? "Cuando supe que había cruzado la línea", recordó más tarde, "me miré las manos para ver si era la misma persona. Había tanta gloria sobre todo; el sol llegaba como oro a través de los árboles y sobre los campos, y me sentía como en el cielo". Puede que los grilletes fueran físicos, pero el peso de la esclavitud se disipó en ese momento. Harriet Tubman había saboreado por fin la libertad, y juró no descansar hasta que otros hicieran lo mismo.

Harriet la conductora

Harriet Tubman, como un Moisés moderno que sacaba a la gente de la esclavitud, se convirtió en una conductora superestrella del Ferrocarril Subterráneo. Mientras desempeñaba este papel, lo arriesgó todo para hacer entre 11 y 13 viajes al Sur, ayudando a escapar a la libertad a unas 70 personas esclavizadas. Se inspiró en su propia huida para sacar a otros de los grilletes de la esclavitud.

Mapa de la ruta del Ferrocarril Subterráneo[9]

La leyenda era una maestra del disfraz. Debido a la recompensa que pesaba sobre su cabeza, ella fingía ser una trabajadora de campo común y corriente, operando en casas de seguridad o incluso engañaba a la gente leyendo un periódico en un tren. A veces se disfrazaba de hombre o de anciana para despistar a la gente y cumplir su misión de liberar esclavos en el Sur.

Inteligente y sigilosa, Tubman prefería organizar la huida de los esclavos durante la estación invernal para poder viajar más lejos, sin ser vista durante las largas noches. Los fines de semana también eran su mejor momento para partir, porque los avisos sobre esclavos fugitivos no se publicaban en los periódicos hasta el lunes. Llevaba consigo una pistola para protegerse a sí misma y a las personas a las que ayudaba. La pistola también tenía otros usos, ya que la utilizaba para amenazar a los esclavos asustados y cansados para que siguieran moviéndose cada vez que aminoraban la marcha. También llevaba consigo medicinas para calmar a los bebés que lloraban y podían delatarlos mientras se movían.

Harriet estudió la Estrella Polar y los ríos que fluían hacia el norte y aprendió a utilizarlos como brújula para sus viajes. Consiguió trabajo en Filadelfia y desde allí empezó a ahorrar dinero. Se hizo amiga de algunos funcionarios a los que podía sobornar para que hicieran la vista gorda cada vez que llevaba con ella a algunos esclavos en fuga. Utilizaba canciones especiales, graznidos de búho, cartas codificadas y mensajeros para hablar en secreto con los esclavos y planear fugas.

En 1850 se promulgó la Ley del Esclavo Fugitivo. Se trataba de una ley que establecía que los esclavos que escapaban al Norte podían ser capturados y devueltos al Sur, incluso si eran libres. Esto significaba que incluso los negros que ya eran libres en el Norte corrían peligro. Cuando se enteró de esta ley, Harriet no dudó en cambiar la ruta del Ferrocarril Subterráneo para conducir a la gente hasta Canadá, donde la esclavitud no estaba permitida en absoluto.

En diciembre de 1851, Harriet encabezó un grupo de 11 personas que habían escapado de la esclavitud por esta nueva ruta hacia Canadá. Incluso hay pruebas de que se detuvieron en casa de Frederick Douglass, un famoso exesclavo que luchó contra la esclavitud. Unos años más tarde, en 1858, Harriet conoció a John Brown. Éste era un hombre que creía que la violencia era la única forma de acabar con la esclavitud, y Harriet estaba de acuerdo con su objetivo, aunque no estaba segura de que lo hiciera de la forma correcta. Brown planeó un ataque contra los amos de los esclavos y pidió ayuda a Harriet, a la que ahora llamaban "General Tubman". Ella accedió, pero desafortunadamente el ataque fracasó y John Brown fue capturado y asesinado. Para Harriet, ese hombre sería para siempre el héroe que entregó su vida para luchar por la libertad de gente que no tenía esperanza.

Mi queridísimo Diario,

La libertad se siente como una pesada bolsa llena tanto de alegría como de lágrimas. Mientras más personas ayudo a escapar, más triste me pongo porque cada victoria me recuerda a quienes siguen encadenados, llorando por la libertad o, peor aún, aceptando su destino de esclavos para siempre.

La muerte del querido John Brown me rompe el corazón. No sólo a mí, sino a todos los que sueñan con un mundo en el que todo sea justo y los esclavos sean libres. Su lucha por la libertad nos inspira a todos. Ahora, sin él, hay un vacío que no se puede llenar.

John me había pedido que luchara a su lado, para liberar a más gente. Sus palabras despertaron algo muy dentro de mí. Pero aunque le echo de menos, una parte de mí se preocupa por lo que vendrá después. Luchar por la libertad es peligroso. Los que quieren que la esclavitud permanezca seguirán buscando formas de eliminarnos.

Pero ahora más que nunca, siento fuego en los huesos para luchar por lo que es justo. Es como una voz que no puedo callar, que me dice que todavía hay que rescatar a más gente. Me recuerda lo aliviada que me sentí cuando me liberé y cómo juré llevar esta libertad a los demás. Aquí de pie, asustada pero decidida, nunca olvidaré a todos los luchadores por la libertad que me precedieron, ellos me recuerdan que esta lucha no es sólo mía, es de todos los que quieren un mundo sin cadenas.

Así que, Diario, mientras afronto lo que está por venir, me aferro al recuerdo de quienes murieron por la libertad. Seguiremos caminando, juntos, hasta que la libertad llegue a todos.

Con amor y esperanza,
Harriet

El espía y el guerrero civil

Durante la Guerra Civil, Harriet no tuvo miedo de ponerse en peligro por la causa de la Unión. Tuvo la visión de que la guerra acabaría con la esclavitud. Se convirtió en espía, utilizando su conocimiento del terreno y la confianza de los esclavos para reunir información crucial. Incluso dirigió una audaz incursión por un río de Carolina del Sur, liberando a más de 700 esclavos e interrumpiendo los suministros confederados. Este valiente acto ayudó a la Unión a ganar la batalla y a garantizar la libertad de un número aún mayor de personas. También trabajó para el ejército de la Unión como cocinera y enfermera, ayudando a los soldados que padecían disentería y otras enfermedades infecciosas.

Incluso después de acabar con la esclavitud, Harriet no descansó. Se convirtió en una defensora de los derechos de la mujer, al lado de figuras famosas como Susan B. Anthony y Elizabeth Cady Stanton. Creía que todo el mundo, independientemente de su raza o sexo, merecía los mismos derechos y luchó incansablemente para hacer realidad ese sueño. Ayudar a la gente no era sólo un trabajo para Tubman; era una misión de amor. A pesar del peligro y del precio que pesaba sobre su cabeza, nunca perdió a una sola de las personas a las que ayudaba. Esta valentía y su éxito la convirtieron en una leyenda, ganándose el apodo de "Moisés".

Tras la guerra, Harriet se instaló en su casa de Nueva York y continuó trabajando por la libertad y la igualdad. Trabajó duro para promover el sufragio femenino, viajando a diferentes ciudades para hablar de por qué se debía permitir votar a las mujeres. En sus discursos dejó claro que sus sacrificios y los de las numerosas mujeres que lucharon por la libertad debían considerarse como una muestra de igualdad de la mujer respecto al hombre. Con la ayuda de amigos, incluso consiguió que se escribiera una biografía sobre su increíble vida. Su historia sigue siendo una inspiración para las personas que luchan hoy por la justicia y la igualdad.

Una verdadera leyenda

En todo el mundo se recuerda la valentía de Harriet Tubman y cómo luchó por ser libre y ayudó a otros a escapar de la esclavitud, al igual que muchas personas luchan hoy contra la injusticia y por la igualdad de derechos. La historia de Harriet Tubman aporta esperanza a las personas que hoy se enfrentan al racismo y los prejuicios. Nunca dejó de luchar por lo que era justo, lo que nos recuerda que la batalla por la igualdad no ha terminado. Debemos seguir luchando contra el racismo y la injusticia dondequiera que los veamos.

Harriet Tubman también fue muy firme en cuanto a la igualdad de la mujer. Al igual que ella luchó por sus derechos hace años, muchas mujeres de hoy se han convertido en activistas que buscan derribar las barreras para las mujeres y permitirles tener las mismas oportunidades que los hombres en todo lo que hacen.

La historia de Harriet Tubman nos enseña a permanecer unidos y a luchar por lo que es justo. Movimientos como Black Lives Matter y las protestas contra el trato injusto de la policía se inspiran en ella. Ella recorrió su camino, y su ejemplo nos muestra que cuando las personas trabajan juntas, pueden crear un nuevo sistema.

Citas célebres

"Si oyes a los perros, sigue adelante. Si ves las antorchas en el bosque, sigue adelante. Si hay gritos tras de ti, sigue adelante. No te detengas nunca. Sigue adelante. Si quieres saborear la libertad, sigue adelante".

- Harriet Tubman

"No fui yo; fue el Señor. Siempre le decía: 'Confío en ti. No sé adónde ir ni qué hacer, pero espero que me guíes', y Él siempre lo hacía".

- Harriet Tubman

Capítulo 2: Campeón incólume: El viaje de Nelson Mandela

Soplaban vientos de cambio en Sudáfrica. Por primera vez, todas las razas podían participar en unas elecciones democráticas. 1994 fue un año de revolución. El poder pasó al nuevo gobierno del Congreso Nacional Africano sin derramamiento de sangre. El Partido Nacional segregacionista fue derrotado en las urnas. Nelson Rolihlahla Mandela, conocido cariñosamente por el pueblo sudafricano como "Tata", se convirtió en el primer presidente sudafricano elegido democráticamente en una sociedad libre y justa.

Nelson Mandela'

Como deja claro el título de la autobiografía de Mandela, fue un "Largo camino hacia la libertad". La victoria tras años de lucha no se produjo de la noche a la mañana. Tras haber dado su vida por la liberación del pueblo sudafricano, Nelson Mandela es conmemorado con monumentos por toda la nación, y su imagen aparece en el rand, la moneda del país. Mandela encarna la lucha por los propios derechos y la reconstrucción a través de la unidad.

Los primeros años

Nelson Mandela creció en la idílica aldea oriental de Qunu. Rolihlahla recibió el nombre europeo de *Nelson* de su maestra de primaria, la señorita Mdingane. Mandela era hijo de la nobleza. Su padre, Nkosi Mphakanyiswa Gadla Mandela, era el principal consejero del rey del pueblo Thembu. La madre de Mandela, Nosekeni Fanny, era la tercera de cuatro esposas. Mandela procedía de una familia numerosa de 13 hijos. Nació en 1918, sólo cinco años después de que se aprobara la Ley de Tierras Nativas de 1913, que reservaba el 93% de las tierras del país a la minoría blanca. Cuando los colonialistas holandeses se expandieron desde el Cabo, desposeyeron a muchas de las culturas aborígenes. Del mismo modo, se apropiaron de las tierras de la familia de Mandela. Tras una disputa con un magistrado local, las autoridades coloniales despojaron al padre de Mandela de su título nobiliario y se quedaron con sus tierras y su ganado, lo que provocó el traslado de la familia de Mvelo a Qunu.

Mandela heredó la actitud revolucionaria de su padre, que no temía enfrentarse a la autoridad. Las llamas de su conciencia política se avivaron muy pronto en su vida. Al pertenecer a una familia poderosa con profundas raíces reales, a Mandela no le lavaron el cerebro con la narrativa de la inferioridad africana. Conoció la valentía y las grandes hazañas de sus antepasados transmitidas a través de cadenas ininterrumpidas de tradición oral. Estas semillas de una sólida identidad propia germinarían en el impulso para luchar por la dignidad de los negros.

De joven, Nelson Mandela se pasaba horas cuidando a los animales. Llevaba una vida típica de granjero que madrugaba en la brisa del Cabo Oriental. Los padres de Mandela eran analfabetos, y él fue el primero de su familia en ir a la escuela. Mandela se matriculó en la Wesleyan Secondary School. Después se licenció en Filosofía y Letras en Fort Hare. No terminó la carrera. La lucha contra la injusticia tuvo prioridad sobre sus estudios, por lo que fue expulsado por organizar una protesta estudiantil. Regresó a Fort Hare para licenciarse en 1943, tras estudiar la licenciatura en la Universidad de Sudáfrica.

El rey del pueblo Thembu, Jongintaba Dalindyebo, se puso furioso cuando se enteró de que Mandela había sido expulsado de la universidad. El rey planeó organizar matrimonios para Nelson Mandela y su primo, Justice, pero ambos optaron por explorar la vida urbana de Johannesburgo. Mandela también estudió Derecho en la Universidad de Witwatersrand, pero no pudo terminar la carrera por estar centrado en otros asuntos. Reanudó sus estudios bien entrada su carrera política en la Universidad de Londres, tras viajar al Reino Unido para recabar apoyos para la lucha sudafricana. En 1989, Mandela terminó por fin su licenciatura en Derecho, mientras finalizaba el último tramo de su condena a 27 años de prisión.

Las semillas de la revolución ya estaban plantadas en Mandela por las enseñanzas ancestrales que recibió de su padre a una edad temprana. Gracias a su educación, se dio cuenta de las injusticias del mundo que le rodeaba, lo que le permitió desarrollar su identidad política. A medida que crecía su conciencia política, empezó a organizarse con otros estudiantes contra las políticas discriminatorias del gobierno del apartheid. Los primeros años de Mandela sentaron las bases de la mayor parte de su carrera política como miembro del partido de la liberación, el Congreso Nacional Africano (ANC). Sin las experiencias de su juventud, probablemente no se habría convertido en el icono que fue más tarde.

Lucha contra el apartheid

Apartheid es una palabra afrikaans que significa "separación". Era un sistema de leyes y normas sociales que agrupaba a las razas en una jerarquía. Los blancos o europeos estaban en la cima, seguidos de los indios, luego los de color o personas de origen mixto y, por último, los negros africanos. Era ilegal que estos grupos interactuaran socialmente. Vivían en zonas diferentes con distintos niveles de acceso a los recursos en función de su identidad racial. No podían utilizar los mismos retretes, bancos o fuentes de agua potable. Las líneas entre razas eran escalofriantemente claras, y las consecuencias de transgredir las leyes de segregación eran brutales.

Una enfermera del apartheid informó de que había mezclado las sábanas para los blancos y los negros en el hospital. Como no podían arriesgarse a enviar a la sección de blancos las sábanas que los negros podían haber contaminado, la enfermera jefe insistió en que había que desecharlas. En el mismo hospital, una mujer negra tuvo una hija con un hombre de color. Años más tarde, la madre y la hija acabaron enfermas. A la madre negra y a la hija de color les sirvieron comida diferente porque las razas diferentes no podían comer lo mismo. La madre estaba desconsolada e indignada, sin entender cómo la niña a la que había dado a luz merecía ahora una comida diferente a la suya.

La insensatez de estas leyes dio lugar a ridículas pruebas para determinar la identidad racial. Una de estas evaluaciones era la "prueba del lápiz", en la que se introducía un lápiz en el pelo de un individuo para ver si se pegaba y determinar así si la textura indicaba blancura o negritud. El sistema del apartheid no sólo separaba social y económicamente a las personas, sino que lo hacía con violencia. Se expulsaba a la gente de sus casas por la fuerza. Los negros necesitaban pases para estar en los barrios blancos o se arriesgaban a ser detenidos y golpeados. Todos los aspectos de la vida pública estaban segregados racialmente, incluidas las zonas de recreo y el transporte.

Estas condiciones y el trato injusto de las masas negras según criterios raciales crearon una olla a presión en la que los levantamientos eran inevitables. A lo largo de la lucha, varios grupos asumieron el manto de la resistencia, entre ellos el SACP, AZAPO, PAC, IFP y el grupo al que se unió Mandela, que acabaría convirtiéndose en el partido gobernante, el ANC. Estas organizaciones movilizaron a las masas para rebelarse contra el gobierno totalitario y racista de la época. Muchas de ellas fueron declaradas grupos terroristas, y sus líderes fueron detenidos por traición y otros delitos contra el Estado. En distintos momentos, estos grupos adoptaron estrategias tanto violentas como no violentas.

Los engranajes políticos de Mandela empezaron a activarse en 1942, antes de su ingreso definitivo en el ANC. Cuando se unió a la organización en 1944 como joven activista, estaba lleno de la energía explosiva que necesitaba la revolución. Poco después de ingresar en el ANC, Mandela ayudó a fundar la Liga Juvenil del ANC, que era un ala que movilizaba a los jóvenes en la lucha contra el apartheid. Formuló el Programa de Acción, que se utilizó para implicar a las masas.

En 1952, Nelson Mandela desempeñó un papel clave como Voluntario en Jefe de la Campaña de Desafío. La Campaña de Desafío contra las Leyes Injustas fue una acción masiva de desobediencia civil creada por el ANC y el Congreso Indio Sudafricano. El movimiento no violento organizó a la gente para que infringiera las leyes racistas entrando en espacios segregados o permaneciendo fuera después del toque de queda sin pases. Debido a su carácter pacífico de desobediencia no violenta a las leyes opresivas, el movimiento obtuvo un amplio apoyo.

Nelson Mandela asistió a la Conferencia Panafricana días antes de ser juzgado por traición en 1956. La conferencia concluyó con una resolución que establecía que Mandela debía escribir una carta al Primer Ministro Verwoerd exigiendo una constitución no racial que beneficiara a todos los sudafricanos. Entre el 29 y el 30 de marzo, Mandela pasó a la clandestinidad para empezar a planificar la huelga, pero ésta se canceló porque la seguridad estatal del gobierno del apartheid se puso en marcha para impedir el movimiento de masas. Una redada policial que se saldó con la detención de 28 personas, entre ellas Mandela, no dio resultados fructíferos para el régimen del apartheid. Todos los acusados en el juicio por traición de 1956 fueron absueltos.

Una de las tragedias más devastadoras de la historia de Sudáfrica ocurrió en Sharpeville en 1961. La policía mató a 69 personas desarmadas disparando con munición real contra una multitud que protestaba contra las leyes de pases. Esto aumentó el sentimiento de resistencia violenta entre la población. En 1961 se creó el uMkhonto we Sizwe. Era el ala militar del movimiento de resistencia ANC, cuyo nombre se traduce al inglés como "la lanza de la nación". La táctica de resistencia por medio de explosiones acentuó la presión de los movimientos revolucionarios en favor del cambio.

La creciente presión del gobierno obligó a Nelson Mandela a actuar con sigilo. En enero de 1962 adoptó el alias de David Motsamayi. Mandela utilizó esta nueva identidad para viajar a Inglaterra y por África. Recibió entrenamiento militar en Marruecos y Etiopía. Muchos combatientes de la lucha también se entrenaron en Rusia y Cuba, debido a las inclinaciones socialistas de movimientos de liberación como el ANC. Mandela regresó a Sudáfrica en agosto de 1962. Fue detenido en un control de carretera donde se le identificó, lo que acabó con su condena a cinco años de prisión. Esto inició una cadena de acontecimientos que le llevó a estar encerrado 27 años.

Isla Robben

El 9 de octubre de 1963 comenzó el juicio más impactante de la historia de Sudáfrica. Mandela y otros diez acusados fueron juzgados. Mandela pronunció su popular "discurso en el banquillo" en 1964 mientras se dirigía al tribunal.

Ante la amenaza de la pena de muerte, Mandela pronunció las palabras inmortales:

"He acariciado el ideal de una sociedad democrática y libre en la que todas las personas convivan en armonía y con igualdad de oportunidades. Es un ideal por el que espero vivir y alcanzar. Pero si es necesario, es un ideal por el que estoy dispuesto a morir".

Nelson Mandela, Walter Sisulu, Govan Mbeki, Denis Goldberg, Raymond Mhlaba, Elias Motsoaledi, Andrew Mlangeni y Ahmed Kathrada fueron condenados al día siguiente. Hoy, Robben Island es un destino turístico histórico, pero entonces era una temida prisión para delincuentes políticos. Las décadas de reflexión de Mandela en prisión le ayudaron a desarrollar una perspectiva única de la lucha en curso. Sus comunicaciones eran limitadas, por lo que estaba en gran medida aislado del mundo exterior, pero podía recibir fragmentos de información. Mandela escribió cientos de cartas durante su estancia en prisión, algunas de las cuales han sido publicadas.

Durante su estancia en prisión, su esposa, Winnie Mandela, sufrió el acoso constante del gobierno del apartheid. En varias ocasiones fue detenida, golpeada y sacada a rastras de su casa. Se erigió en el rostro de la lucha y representó la visión de Nelson Mandela. Fue fría con el régimen del apartheid y no tuvo piedad ni en sus palabras ni en sus acciones contra ellos. Recibió duras críticas por su militancia. Estuvo al lado de Mandela durante su estancia en prisión, y él le escribía a menudo sobre los problemas personales más profundos que experimentaba tras los muros de hormigón. Mandela le confesó que la cárcel le daba tiempo para reflexionar sobre sí mismo y sobre el mundo.

Mandela entabló una estrecha relación con sus carceleros afrikáners. Aprendió a hablar su idioma con fluidez porque afirmaba que utilizar la lengua materna de alguien te permite hablar con su alma. Aprendió mucho sobre el punto de vista de los afrikaner, y también les enseñó la lucha de los negros en Sudáfrica. Esto le dio las herramientas que necesitaba para navegar por el proceso de negociación de la transición hacia una democracia integradora.

Incluso en prisión, el compromiso de Nelson Mandela con el pueblo se mantuvo firme. Cuando el gobierno le ofreció la libertad condicional, Mandela la rechazó, declarando que no había separación entre su libertad y la libertad de su pueblo. Su hija, Zindziswa, leyó la carta de rechazo ante una multitud enfervorizada en el estadio Jabulani. En 1990, Mandela fue liberado después de que el ANC y el PAC dejaran de estar prohibidos. Comenzó así el proceso de transición hacia un gobierno no racial.

Libertad, no violencia y reconciliación

La historia de Nelson Mandela está incompleta sin una mención a la que fuera su esposa, la difunta Winnie Mandela. Los sudafricanos la consideran la madre de la nación. Mientras Nelson Mandela estaba encerrado, Winnie mantuvo vivo el espíritu de la revolución y la lucha contra el régimen del apartheid. Los métodos de Winnie fueron controvertidos por la postura ultramilitante que adoptó contra el poder opresor. Algunas de las descripciones más escalofriantes de la lucha provienen de historias de las fuerzas de Winnie quemando vivos a informantes del apartheid en los barrios pobres de la gente negra.

Winnie Mandela[5]

En 1990, Nelson Mandela fue liberado tras 27 años de prisión, en medio de un multitudinario desfile de bienvenida al héroe de la lucha, con Winnie Mandela a su lado. Se divorciarían poco después de su salida de prisión. Algunos creen que se debió a diferencias ideológicas, ya que Winnie exigía justicia mientras Mandela construía los caminos del perdón. En las siguientes elecciones, se convirtió en el primer presidente de la nueva Sudáfrica.

Las atrocidades del apartheid son inimaginables. Es comprensible que muchos negros clamaran venganza contra sus antiguos opresores cuando Nelson Mandela empezó a gobernar el país. Los partidarios acérrimos de Nelson Mandela no comprendían del todo el camino que estaba tomando con su postura de reconciliación. La gente esperaba que Mandela persiguiera una venganza punitiva, sobre todo después de haber pasado 27 años en prisión como consecuencia directa del anterior sistema de apartheid. Clamaban a Mandela, rogándole que buscara una justicia brutal por las indecibles torturas que habían sufrido bajo el régimen del apartheid.

La Comisión de la Verdad y la Reconciliación fue creada por Nelson Mandela y presidida por el obispo Desmond Tutu. La controvertida comisión se creó para ayudar al país a curarse de las heridas del apartheid y avanzar como una nueva nación democrática. La CVR permitió a las víctimas de violaciones de derechos humanos bajo el régimen anterior presentarse y contar sus historias, y se concedería amnistía a los autores de los crímenes que actuaron para cumplir un programa político. Los críticos negros de la CVR dijeron que no había justicia en el proceso, y los críticos blancos hicieron hincapié en que estas historias podrían agravar las tensiones raciales. Además, la controversia surgiría porque la CVR se creó de forma voluntaria, lo que significa que no se obligó a los autores ni a las víctimas a comparecer. PW Botha, ex presidente del Estado, se negó a asistir a los procedimientos, lo que puso de manifiesto los fallos del proceso.

Aunque la CVR no fue perfecta, alejó al país del borde de la destrucción violenta. Fue el primer peldaño en el establecimiento de la nueva Sudáfrica integradora. El énfasis de Mandela en el perdón, como alguien que sufrió mucho bajo el régimen del apartheid, inspiró a las masas negras a encarnar la humanidad hacia sus antiguos opresores. El énfasis en la reconciliación bajo Mandela permitió a Sudáfrica tener un auge económico al abrirse el país a la inversión internacional. Su legado no violento y su compromiso con la unidad siguieron al heroico líder durante toda su vida. Aunque los procesos de la CVR pueden haber sido defectuosos, el espíritu de reconciliación ayudó a dibujar el futuro multirracial de Sudáfrica.

Magia Madiba

Madiba es el nombre del clan de Nelson Mandela. Es tradición en Sudáfrica mostrar respeto a las personas llamándolas por el nombre de su clan cuando lo representan bien. Es una forma de rendir homenaje a los antepasados. La magia de Madiba se utiliza para describir la capacidad única de Mandela para cautivar a las multitudes y conseguir que la gente más insólita se llevara bien. El sentimiento general de unidad que fue capaz de crear en un país que acababa de salir de una violenta división parecía casi sobrenatural.

Este atractivo magnético puede haber contribuido a que el héroe de la lucha obtuviera la admiración internacional como Premio Nobel de la Paz. Mandela era capaz de hacer que todo el mundo se sintiera cómodo sin dejar de defender su punto de vista. Sus llamamientos a una Sudáfrica unida se plasmaron en sus actos, y su compromiso con la mejora continua de la situación de los negros nunca decayó hasta su muerte.

Hoy, Mandela es celebrado en todo el mundo [6]

La magia de Madiba era su capacidad para hacer creer a la gente la visión de una Sudáfrica reconciliada que construye prosperidad e igualdad para todos. Allá donde iba Mandela, la gente acudía en masa, y a menudo evitaba que sus guardias de seguridad limitaran demasiado su acceso. Mandela era realmente el presidente del pueblo, y su carisma se desplegaba a sus anchas en cualquier sala a la que entraba. Su peculiar forma de hablar y sus extravagantes camisas estampadas se recordarán siempre.

La batalla contra el VIH/SIDA en Sudáfrica

Los primeros esfuerzos de Mandela contra la incipiente epidemia de VIH en Sudáfrica fueron nulos. El gobierno del ANC ignoró en gran medida esta crisis de salud pública. Thabo Mbeki, que asumió la presidencia después de Nelson Mandela, afirmó que el VIH no causaba el sida y que la enfermedad no era mortal. Su negacionismo hizo retroceder años al país en la lucha contra la enfermedad.

Sin embargo, más tarde, Nelson Mandela se dio cuenta de su error cuando la epidemia de VIH/SIDA se descontroló. En 2003, estableció la Fundación Nelson Mandela, creada para combatir el VIH. Bajo la marca 46664, que era su número de preso en Robben Island, Mandela empezó a recaudar fondos para impartir educación sobre el virus. Insistió en que era necesario hablar de la enfermedad para eliminar el estigma y que las personas pudieran recibir la ayuda que necesitaban. En 2005, su hijo Makgatho murió trágicamente de sida. Mandela se dirigió a la prensa, admitiendo sus defectos y haciendo hincapié en la necesidad de tomar medidas para combatir la enfermedad.

El legado de Tata

Mandela murió de viejo en su casa en 2013. Hoy, los sudafricanos se enfrentan a muchos retos como joven democracia. El trasfondo de la tensión racial aún persigue a la nación. La pobreza, la desigualdad y la corrupción gubernamental asolan el país. Sin embargo, Nelson Mandela sigue siendo una luz brillante que guía al país fuera de la oscuridad. Los sentimientos de la Sudáfrica moderna están favoreciendo más a la justicia que a la reconciliación en amplios sectores de la población. Muchos creen que la revolución que inició Mandela está incompleta debido a la gran desigualdad económica que aún existe. Sin embargo, algunos creen que exaltar la memoria de Mandela puede despertar de nuevo el impulso de trabajar juntos para resolver los problemas de Sudáfrica. En un mundo cada vez más dividido en el que todos se repliegan en burbujas ideológicas, el modelo de Mandela de tender una rama de olivo para encontrar un terreno común puede ser más pertinente ahora que mientras él estaba vivo.

Mandela no sólo fue un líder y un luchador por la libertad, sino que el legado de sus actividades filantrópicas también sigue en pie. El Fondo Nelson Mandela para la Infancia, la Fundación Nelson Mandela y la Fundación Mandela Rhodes siguen funcionando para ayudar a los necesitados y ofrecer oportunidades a los desfavorecidos. Su lucha de por vida contra el racismo y la desigualdad, así como su compromiso con la reconciliación, han convertido a Nelson Mandela en un símbolo emblemático a imitar en todo el mundo.

Capítulo 3: El intelecto en alza: La maestría matemática de Katherine Johnson

La fascinación de Katherine Johnson por los números fue visible desde una edad temprana. Poco podía imaginar que su amor por las matemáticas marcaría el curso de la historia. Como matemática y científica de cohetes, Katherine dedicó su vida a estudiar la gravedad y el movimiento en el espacio. Su brillantez y dedicación fueron inigualables, lo que la llevó a convertirse en parte integrante de la Administración Nacional de la Aeronáutica y del Espacio (NASA). Los cálculos de Katherine allanaron el camino para algunas de las misiones más famosas de la NASA, como la histórica órbita de la Tierra de John Glenn en 1962.

Katherine Johnson[7]

Lo que hace que los logros de Katherine sean aún más notables es que consiguió todo esto sin la ayuda de los ordenadores modernos. En una época en la que la tecnología aún estaba en sus inicios, Katherine actuó como un auténtico ordenador humano en la NASA. Manejaba los números mejor que los ordenadores de la época y se aseguraba de que cada misión fuera un éxito. Su contribución fue tan valiosa que, incluso cuando la NASA empezó a utilizar ordenadores, recurrió a Katherine para que comprobara su trabajo.

Sin embargo, ¿fue siempre tan fácil para ella? El camino de Katherine hacia el éxito no fue nada sencillo. Tuvo que superar una serie de retos y enfrentarse a la discriminación y el escepticismo. Era mujer y, además, de color, por lo que no le resultó nada fácil llegar a donde llegó y conseguir lo que logró. A pesar de estos obstáculos, Katherine se mantuvo firme en su determinación y su sed de conocimiento.

Esta es la historia de Katherine Johnson: una historia llena de duros retos, de no rendirse nunca y de esforzarse siempre al máximo. Es una historia que demuestra que no importa quién seas ni de dónde vengas, puedes conseguir cosas increíbles si sigues adelante. Desde sus comienzos hasta su increíble trabajo en la NASA, Katherine demostró al mundo que todo es posible con determinación y trabajo duro. Rompió barreras, demostró que cualquiera puede hacer grandes cosas e inspiró a personas de todo el mundo a creer en sí mismas y perseguir sus sueños.

Vida temprana

Nacida en 1918 en White Sulphur Springs, Virginia Occidental, Katherine era la menor de los cuatro hijos de Joshua y Joylette Coleman. Ya desde muy pequeña, era evidente que Katherine poseía un talento único para las matemáticas, y siempre estaba dispuesta a ayudar a sus hermanos cuando hacían los deberes juntos alrededor de la mesa familiar. Al crecer en una época en la que la segregación racial era habitual, los padres de Katherine comprendieron la importancia de la educación y trataron de encontrar oportunidades para sus hijos más allá de las limitaciones impuestas por su comunidad segregada.

Katherine y sus hermanos fueron enviados a la escuela en el campus de la Universidad Estatal de West Virginia en Institute, una localidad del mismo estado. En el West Virginia State College, Katherine brilló con luz propia. Sobresalió en sus estudios y, de hecho, se saltó varios cursos y se graduó en el instituto con sólo 14 años. No tardó en cursar estudios superiores y se matriculó en la West Virginia State College, una universidad históricamente negra, donde encontró una comunidad de apoyo entre sus compañeros.

En el West Virginia State College, el potencial de Katherine llamó la atención de dos influyentes mentores que forjarían su futuro. Angie Turner King, matemática y científica, reconoció la brillantez de Katherine y la tomó bajo su tutela. Además, William Schieffelin Claytor, el tercer afroamericano en obtener un doctorado en matemáticas, vio el talento de Katherine y le dio clases de matemáticas avanzadas para perfeccionar sus habilidades.

A pesar de las expectativas sociales que limitaban las opciones profesionales de las mujeres, Katherine se graduó *summa cum laude* en el West Virginia State College en 1937 con una doble licenciatura en matemáticas y francés. Inicialmente, sólo podía plantearse una carrera en enfermería o docencia, por lo que comenzó su andadura profesional como profesora en una escuela pública de Marion, Virginia.

La educación de Katherine Johnson estuvo marcada por la conciencia del racismo, pero no fue hasta que entró en el mundo laboral cuando se enfrentó a las duras realidades de este flagelo por primera vez en su vida. Su primer trabajo como maestra la obligó a viajar a Virginia, donde las tensiones raciales eran particularmente fuertes. A pesar de las advertencias de su madre sobre el difícil entorno, Katherine no se dejó intimidar y declaró desafiante: "Pues diles que voy".

Sin embargo, el destino tenía planes más ambiciosos para Katherine. En 1938, un caso histórico del Tribunal Supremo, Missouri ex rel. Lloyd Gaines contra Canadá, dictaminó que los estados que ofrecían opciones de educación superior a estudiantes blancos también debían ofrecer las mismas oportunidades a los estudiantes afroamericanos. Esta sentencia allanó el camino para que el presidente del West Virginia State College, John Davis, recomendara a Katherine y a dos estudiantes afroamericanos de sexo masculino que se matricularan en el programa de posgrado de la West Virginia University, la universidad blanca del estado.

La aceptación de Katherine en el programa de posgrado de la Universidad de Virginia Occidental marcó un hito histórico, ya que fue una de las primeras estudiantes afroamericanas en integrarse en el programa. Sin embargo, al cabo de un año, Katherine tomó la difícil decisión de abandonar el programa para centrarse en su familia con su primer marido, James Goble. A pesar de este contratiempo, el viaje de Katherine estaba lejos de terminar. Sus primeros años de vida fueron sólo el principio de una trayectoria extraordinaria que la llevaría a convertirse en una de las figuras más influyentes de la historia de la exploración espacial.

Familia, carrera profesional y exploración espacial

En la vida de Katherine Johnson no sólo hubo matemáticas revolucionarias y misiones espaciales. También tuvo que ver con la familia, el sacrificio y una dedicación inquebrantable. Tras casarse con su marido, James, dieron la bienvenida a su familia a tres niñas: Constance, Joylette y Katherine. A pesar de su exigente carrera, Katherine siempre dio prioridad a su familia. No sólo fue una matemática brillante, sino también una madre cariñosa que enseñó a sus hijas valiosas habilidades, como la costura, al tiempo que utilizaba su talento matemático para ayudar a los demás.

Además de su trabajo habitual, Katherine dedicaba su tiempo libre a dar clases particulares de matemáticas a otras personas, sin pedir nunca nada a cambio. Su bondad y generosidad no tenían límites. Cuando James cayó enfermo, Katherine se convirtió en su principal cuidadora, dedicándose a su cuidado hasta su fallecimiento en 1956. A pesar de la pérdida personal, Katherine siguió siendo fuerte y estaba decidida a seguir adelante.

En 1959, Katherine encontró de nuevo el amor y se casó con James Johnson. Poco podía imaginar que esta unión coincidiría con un momento crucial en su carrera. Durante una reunión familiar, un pariente mencionó oportunidades de trabajo para especialistas en matemáticas en el Centro de Investigación Langley de la NASA en Hampton, Virginia. El Comité Consultivo Nacional de Aeronáutica (NACA) buscaba mujeres con una sólida formación en matemáticas para incorporarse a su equipo. A estas mujeres se les dio el título de "computadoras" porque eran las encargadas de realizar cálculos complejos para los ingenieros varones empleados en el NACA. La propia Katherine comentó célebremente que en aquella época "la computadora llevaba falda".

Rusia y Estados Unidos estaban inmersos en una feroz rivalidad de Guerra Fría en ese momento, con ambos países compitiendo por crear aviones de vanguardia para utilizarlos en la defensa de sus respectivos países. Así pues, el trabajo que realizaban las computadoras del NACA era crucial en aquel momento concreto. El NACA estaba segregado a pesar de que la ley federal prohibía la discriminación en el empleo público. La agencia mantenía separadas las divisiones de computadoras "blancas" y "negras". Sorprendentemente, las candidatas a computadoras negras tenían que cumplir normas de contratación más estrictas que sus homólogas blancas. A las candidatas blancas no se les exigía el mismo nivel académico que a las candidatas negras, que debían tener títulos universitarios y un alto promedio académico. Debido a esta disparidad, los ingenieros solían optar por trabajar con las "computadoras" negras, ya que eran más capaces.

Sin dejarse intimidar por los retos que planteaba la segregación, Katherine Johnson decidió aprovechar la oportunidad que le brindaba la NACA. Condujo hasta las instalaciones de la NACA y pidió una solicitud, decidida a demostrar sus habilidades y conseguir un puesto. A pesar de los obstáculos iniciales, la perseverancia de Katherine dio sus frutos cuando, un año después, la NACA le ofreció un empleo. El primer día de Katherine Johnson en la NACA fue extraordinario. Katherine quedó asombrada al ver a tantas mujeres negras trabajando en entornos profesionales, cada una con su propio escritorio y computadora.

Fue un momento raro y estimulante ver un espacio en el que las mujeres de color no sólo estaban presentes, sino que prosperaban en sus funciones.

"Me quedé asombrada... Por aquel entonces, una sala llena de tantas mujeres profesionales [negras] era un espectáculo poco frecuente ... ni una sola de ellas era profesora o enfermera ... ni ninguna de ellas era empleada doméstica".

Katherine Johnson en la NASA[a]

Cuando entró en la NASA, no era la única mujer afroamericana. Docenas de mujeres como ella trabajaban en Langley como ordenadores humanos, realizando cálculos increíblemente complejos para diversos proyectos de la carrera espacial. Aunque el trabajo estaba mejor pagado que muchas otras opciones disponibles para las mujeres instruidas de la época, unos 2.000 dólares al año, seguían sufriendo discriminación.

En el laboratorio de investigación, la segregación era una dura realidad. Las mujeres afroamericanas se veían obligadas a trabajar en espacios de trabajo "de color" separados, a pesar de que hacían exactamente el mismo trabajo que sus homólogas blancas. Estaban situadas a una milla de distancia de las demás mujeres y tenían que soportar unas instalaciones que carecían incluso de servicios básicos como sanitarios. En cambio, a las mujeres blancas se les proporcionaba un alojamiento cercano, mientras que Katherine y sus compañeras tenían que arreglárselas por su cuenta.

Apenas dos semanas después de incorporarse a su nuevo trabajo, sus superiores no tardaron en reconocer el talento de Katherine. Un ingeniero pidió ayuda a la oficina de computadoras negras, y Katherine fue señalada por su jefe como una de las mentes más brillantes entre ellos. Acompañó al ingeniero a una oficina llena de hombres blancos y le encargaron que revisara una serie de cálculos. Con su buen ojo para los detalles, detectó inmediatamente un error y se lo comunicó con confianza al jefe del equipo. A pesar de la vergüenza inicial, el jefe del equipo agradeció la corrección de Katherine y reconoció su excepcional capacidad analítica.

El enfoque proactivo de Katherine la hizo rápidamente valiosa para el equipo de ingeniería. Aunque la mayoría de los equipos rotaban de un proyecto a otro, la experiencia y dedicación de Katherine hicieron que siguiera siendo parte integrante de su equipo. Sus contribuciones eran muy valoradas y su presencia se consideraba indispensable para el éxito de sus misiones.

La brillantez de Katherine no pudo ser ignorada durante mucho tiempo. Sus cálculos y su dedicación a la precisión le granjearon una reputación estelar en la NASA. Desempeñó un papel esencial en la configuración de las posibilidades de la aeronáutica durante aquella época, coescribiendo artículos científicos e incluso ayudando a escribir el primer libro de texto de la NASA sobre el espacio.

A pesar de las dificultades de trabajar en un entorno segregado, Katherine encontró formas de luchar contra la flagrante discriminación que se producía en la NASA. Se negó a cumplir las normas de segregación en los baños y reivindicó su derecho a utilizar las instalaciones que considerara apropiadas. Asimismo, evitó comer en la cafetería segregada y optó por afirmar su autonomía y dignidad a su manera.

Durante los descansos, Katherine se las arreglaba para relacionarse con sus compañeros blancos jugando a las cartas y hablando de revistas de aviación. A pesar de la brecha racial, Katherine buscó puntos en común con sus compañeros. En su búsqueda de igualdad y reconocimiento, Katherine consiguió que la incluyeran en las reuniones informativas de alto nivel y participar en los procesos de toma de decisiones importantes dentro de la organización.

Aunque la gente celebra con razón los logros de los hombres blancos que llegaron a la Luna, a menudo se olvida de las innumerables mujeres, sobre todo afroamericanas, que desempeñaron papeles vitales entre bastidores. A pesar de enfrentarse a enormes retos en plena segregación, estas mujeres destacaron en su trabajo, ayudando a la NASA a calcular trayectorias, analizando datos de pruebas de resistencia al viento y resolviendo los complejos problemas que entrañaba la reentrada segura de las naves espaciales en la atmósfera terrestre. Sus contribuciones fueron decisivas para el éxito de las misiones de la NASA, pero sus historias han sido a menudo pasadas por alto o marginadas en la narrativa más amplia de la exploración espacial.

Con la Guerra Fría y la carrera espacial, la NACA se convirtió en la Administración Nacional de Aeronáutica y del Espacio (NASA) con la misión renovada de llevar a los estadounidenses al espacio. Katherine se volcó en su trabajo con una determinación aún mayor. En 1961, los conocimientos de Katherine se pusieron a prueba cuando calculó la trayectoria de Alan Shepard, el primer estadounidense en el espacio. Sin sus cálculos, la misión no habría sido un éxito.

El astronauta John Glenn estaba a punto de hacer historia como el primer estadounidense en orbitar la Tierra. La NASA, que contaba con una serie de ordenadores mecánicos para calcular esta trayectoria, se enfrentaba al reto de garantizar la precisión y fiabilidad de sus cálculos. A pesar de la disponibilidad de estas nuevas máquinas informáticas, que no siempre eran fiables, John Glenn tenía una confianza inquebrantable en las habilidades matemáticas de Katherine Johnson.

Al revisar el plan de la misión, John Glenn hizo una petición concreta a la NASA: insistió en que si "la chica" decía que los cálculos eran correctos, él estaba dispuesto a emprender el histórico viaje. La "chica" en cuestión no era otra que Katherine Johnson. Enfrentada a la monumental tarea de calcular la trayectoria a mano, Katherine pasó casi dos días enteros haciendo números. Sus esfuerzos dieron sus frutos cuando, el 20 de febrero de 1962, John Glenn completó con éxito tres órbitas alrededor del planeta y regresó sano y salvo a la Tierra, demostrando que los cálculos de Katherine eran precisos y fiables.

A pesar del anonimato inicial que rodeó su papel en el proyecto, las contribuciones de Katherine acabaron llamando la atención de la prensa negra, y así fue celebrada como madre, esposa y mujer de carrera cuyos logros estaban por encima de los límites tradicionales de género y raza.

Cuando el Presidente Kennedy lanzó el reto a la NASA de alunizar una nave espacial, Katherine Johnson volvió a desempeñar un papel clave en la misión. Dedicó un esfuerzo y un tiempo increíbles a idear los complejos cálculos necesarios para lanzar una nave espacial a la órbita lunar y orquestar el intrincado encuentro entre las naves en órbita y las de alunizaje.

En julio de 1969, cuando Estados Unidos lograba la histórica hazaña de alunizar, Katherine se encontró en un lugar sorprendente: no estaba en casa ni en la oficina, sino asistiendo a un reencuentro con sus compañeros de la universidad. La mayoría de los asistentes al reencuentro no sabían que Katherine había completado los cálculos para el alunizaje con mucha antelación. Mientras sus antiguos compañeros de clase se reunían en torno al televisor del hotel para presenciar los históricos pasos de Neil Armstrong sobre la superficie lunar, pocos se dieron cuenta del papel decisivo de Katherine para hacer posible dicha hazaña.

A su regreso del reencuentro, Katherine no perdió el tiempo y se centró en nuevos horizontes. Ya inmersa en su siguiente proyecto, dirigió su formidable intelecto hacia el cálculo de las intrincadas trayectorias necesarias para enviar una persona a Marte.

Las contribuciones de Katherine no acabaron ahí. En 1970, la misión Apolo 13 se enfrentó a una catastrófica explosión del tanque de oxígeno. Este catastrófico suceso puso en peligro las vidas de los tres astronautas a bordo -Jim Lovell, Fred Haise y Jack Swigert- y amenazó el éxito de la misión.

Tras la explosión, el Control de Misión de la NASA tuvo que idear un plan para traer a los astronautas de vuelta a la Tierra. Katherine Johnson, conocida por su experiencia en análisis de trayectorias y mecánica orbital, fue llamada para ayudar en los complejos cálculos necesarios para la trayectoria de reentrada de la misión.

Los cálculos de Katherine fueron fundamentales para determinar los ajustes precisos de la trayectoria necesarios para guiar la nave espacial de vuelta a la Tierra de forma segura en medio de los desafíos sin precedentes que planteaba el módulo de servicio dañado. Sus cálculos, rápidos y precisos, sirvieron de guía a los controladores de vuelo y a los astronautas, permitiéndoles navegar por el espacio y ejecutar las maniobras necesarias para reentrar con éxito en la atmósfera terrestre.

Premios y distinciones

Tras dedicar más de 30 años de su vida a la NASA, Katherine Johnson se retiró de la agencia en 1986. A lo largo de su carrera, aportó una experiencia inestimable al programa oficial del transbordador espacial y llevó a cabo investigaciones cruciales sobre vuelos espaciales tripulados, incluidos estudios sobre la viabilidad de misiones a Marte. A pesar de enfrentarse a innumerables casos de racismo dentro de la agencia, sus contribuciones fueron innegables.

En reconocimiento a sus notables logros, la NASA honró a Katherine dándole su nombre a un edificio: El Centro de Investigación Computacional Katherine G. Johnson. Está situado en el campus de la NASA en Hampton, Virginia.

La influencia de Katherine se extendió más allá del ámbito de la ingeniería aeroespacial. Su historia inspiró a marcas de juguetes como Barbie y Lego a crear figuras a su semejanza, destinadas a animar a los niños, especialmente a las niñas, a interesarse por la ciencia, la tecnología, la ingeniería y las matemáticas (STEM).

En 2015, el presidente Barack Obama concedió a Katherine Johnson la más alta condecoración civil de Estados Unidos: la Medalla Presidencial de la Libertad. Este prestigioso galardón reconoce sus revolucionarias contribuciones a la ciencia y su incansable defensa de la igualdad y la inclusión en los campos STEM.

Katherine recibe la Medalla Presidencial de la Libertad de manos del Presidente Obama[9]

Al año siguiente, la extraordinaria historia de Katherine llegó a un público más amplio con el estreno de la película de Hollywood "*Talentos ocultos*". La película narraba la historia desconocida de Katherine y otras matemáticas afroamericanas que desempeñaron un papel fundamental en la NASA durante la carrera espacial. A pesar de sus monumentales logros, Katherine se mantuvo humilde ante sus contribuciones a la ciencia, encarnando la gracia y la humildad a lo largo de su vida.

Incluso en su jubilación, Katherine siguió marcando la diferencia en su comunidad. Siguió siendo miembro activo del coro de su iglesia local durante más de 50 años. Su dedicación a su fe y a su trabajo ejemplificaban su inquebrantable compromiso de servir a los demás y de influir positivamente en el mundo. Falleció en 2020 a la edad de 101 años tras una vida plena, hermosa e inspiradora.

Más de 75 años después de abandonar sus estudios, la Universidad de Virginia Occidental le concedió el doctorado honoris causa por su contribución al campo de la astrofísica. Este prestigioso honor le fue concedido a Katherine en reconocimiento a sus logros sin parangón y a su importante liderazgo en este campo.

En 2021, la NASA hizo un anuncio especial que conmovió los corazones de todo el mundo: bautizaron una nave espacial con el nombre de Katherine Johnson. La nave recibió el nombre de S.S. Katherine Johnson y formaba parte de una misión llamada NG-15 Cygnus. Esta misión consistía en la entrega de suministros y equipos a los astronautas que vivían en la Estación Espacial Internacional (ISS).

El legado de Katherine Johnson sigue vivo como inspiración para innumerables personas, demostrando que la determinación, el intelecto y la perseverancia pueden superar incluso los mayores obstáculos. Su espíritu pionero sigue inspirando a las generaciones futuras a alcanzar las estrellas y perseguir sus sueños sin importar las adversidades.

Capítulo 4: Renacimiento del ritmo: Las innovaciones del jazz de Duke Ellington

Era una época en la que los letreros de neón eran bastante nuevos, el aumento del uso del automóvil generaba una humareda en las calles y la tecnología punta, como la radio y el teléfono, se estaba convirtiendo en algo habitual. El Renacimiento de Harlem, una revolución cultural que algún día desembocaría en el movimiento por los derechos civiles de la década de 1950, ganaba impulso rápidamente. Se inauguraba la era del Jazz, cuando las notas metálicas de las trompetas y los sonidos armónicos de los saxofones podían oírse cada noche en muchas partes del país.

Duke Ellington[10]

Durante esta época de progreso para los afroamericanos, un joven de poco más de 20 años tocaba el piano en fiestas caseras de poca monta, con la esperanza de hacerse un hueco en la floreciente escena del jazz, pero sus escasos ingresos le llevaron a cerrar el negocio y regresar a casa. Era el legendario músico de jazz Duke Ellington, y este capítulo recorre su inspirador viaje desde sus humildes comienzos, sus muchos fracasos y sus triunfos finales, que cambiaron para siempre la suerte de la comunidad negra.

Sus primeros años

El nombre de nacimiento de Duke Ellington era Edward Kennedy Ellington, y fue bautizado con los segundos nombres de sus padres, James Edward Ellington y Daisy Kennedy Ellington. Nació el 29 de abril de 1899 en Washington, D.C. Gracias a sus padres, que eran pianistas profesionales, estuvo expuesto a la música desde una edad temprana. Cultivaron su afinidad natural por este arte y le dieron clases de piano a la tierna edad de siete años.

Duke se crió en un ambiente de clase media, pero sus padres no fueron tan afortunados. James Edward creció en Lincolnton, Carolina del Norte, un pueblo rural en la década de 1880. Formó parte de la Gran Migración cuando su familia se trasladó a Washington, D.C., pocos años después de su nacimiento. Los padres de Daisy Kennedy fueron esclavos y ella tuvo que pasar muchas penurias de niña. No obstante, James y Daisy fueron la principal fuente de motivación de Duke para su espectacular carrera musical futura.

Hay una historia interesante detrás de su cambio de nombre de Edward a Duke. Su familia estaba orgullosa de su herencia racial y cultural, pero las leyes de segregación (leyes Jim Crow) de la época eran duras contra los afroamericanos. Daisy Kennedy no era de las que aceptaban la injusticia de brazos cruzados. Se mezcló con las mujeres dignas de su barrio, llevando a Edward con ella.

Con el tiempo, sus modales y estilo se contagiaron a Edward. Sus amigos se dieron cuenta de su elevada personalidad y refinado sentido del vestir, por lo que empezaron a llamarle "Duque". El nombre le acompañó durante toda su vida y su carrera.

Los inicios de su carrera

De niño, a Duke Ellington le encantaban las artes visuales, pero más tarde, su pasión por la música tomó el relevo y le convirtió en uno de los rostros más reconocibles de su época. Como joven músico, tenía talento tanto como pianista como compositor, ganándose rápidamente el reconocimiento por su estilo innovador y sus carismáticas interpretaciones.

En la década de 1910, Ellington empezó a tocar en bandas locales de Washington, D.C., pero no ganaba mucho, así que tuvo que hacer trabajos esporádicos. Fue durante su etapa como servidor de sodas en el Poodle Dog Café cuando creó su primera composición original, llamada "*Soda Fountain Rag*". La presentaba de tantas formas distintas y únicas que la gente pensaba que tocaba composiciones diferentes. No tardó en convertirse en el pianista más solicitado de su barrio y de fuera de él.

Al final de su adolescencia, Duke experimentó muchos altibajos en su trayectoria musical. Formó parte de varias bandas de jazz antes de lanzar su primer grupo musical, "*The Duke's Serenaders*", en 1917. Los instrumentos de su banda incluían inicialmente un contrabajo, una trompeta y un banjo. Más tarde, en 1919, el batería Sunny Greer, que llegaría a ser un músico legendario por derecho propio, se unió a los Duke's Serenaders.

Los mayores retos y éxitos de Ellington llegaron después de 1919, cuando decidió trasladarse con su banda a Nueva York, donde la escena del jazz, en plena evolución, estaba arrasando poco a poco. En Harlem, se relacionó con muchos artistas famosos, como Noble Sissle y Willie Smith (El León), pero no consiguió hacerse un hueco en la bulliciosa vida cultural nocturna del barrio.

Desanimado y deprimido, se llevó a su banda de vuelta a Washington. Fue allí donde su suerte cambió a mejor. Su grupo pasó a llamarse "*Elmer Snowden and his Black Sox Orchestra*" (en honor al intérprete de banjo), y consiguieron varios conciertos a lo largo de los años. En 1923, cuando la música jazz alcanzaba a tener un nuevo auge, volvieron a cambiar su nombre por el de "*The Washingtonians*" y empezaron a causar sensación en la ciudad.

A mediados de la década de 1920, Ellington y su banda habían alcanzado fama nacional y se habían asegurado una residencia en el legendario Cotton Club de Harlem. Fue aquí donde la música de

Ellington llegó a un público más amplio, ya que las emisiones radiofónicas llevaron su innovador sonido a los hogares de toda América. A lo largo de la década, Ellington siguió ampliando los límites del jazz, experimentando con nuevas formas y estilos sin dejar de ser fiel a sus raíces.

Los primeros años de la carrera de Duke Ellington sentaron las bases de sus logros posteriores como compositor, director de orquesta e icono cultural. Su espíritu pionero, su creatividad sin límites y su inquebrantable dedicación a su oficio le convertirían en una de las figuras más influyentes de la historia de la música estadounidense.

Cuentos del Cotton Club

El Cotton Club era un prestigioso club nocturno situado en el corazón de Harlem. Fundado en 1923, durante la época de la Ley Seca, se convirtió rápidamente en uno de los locales de ocio más famosos de Estados Unidos. Aunque el personal de entretenimiento era predominantemente afroamericano, su clientela estaba compuesta exclusivamente estadounidenses blancos y acomodados.

A lo largo de los años, por el escenario del Cotton Club pasaron algunos de los músicos, bailarines y artistas más emblemáticos de la época, desde Cab Calloway hasta Lena Horne. Duke Ellington no tardó en formar parte de su prestigioso elenco. Su asociación surgió de su creciente reputación como director de orquesta y compositor, pero también tuvo algo de suerte.

El Cotton Club en los años 30, en Nueva York[11]

Sucedió que Irving Mills, uno de los agentes-editores más reputados de aquella época, consiguió un contrato con Ellington en 1926, cuando aún no era demasiado conocido. Le ayudó a grabar en casi todos los sellos famosos, desde Brunswick hasta Columbia. Entonces, un buen día de septiembre de 1927, *King Oliver*, la banda habitual del Cotton Club, canceló su compromiso por razones desconocidas. Mills aprovechó la oportunidad y consiguió una plaza de audición en el club para Ellington. Aquí es donde probablemente se originó su big band jazz.

Uno de los requisitos de la residencia era que Ellington aumentara a once su grupo de seis músicos. En lugar de asignar una estructura de composición estricta, animó a los miembros de su banda a crear sus propias melodías e interpretaciones de sus composiciones. Ni que decir tiene que el grupo superó sin problemas la audición para conseguir una residencia como banda de la casa.

El Cotton Club proporcionó a Ellington una plataforma para mostrar su estilo único de jazz, que mezclaba elementos de blues, swing y música orquestal, lo que le diferenciaba de otros directores de orquesta de la época. Sus actuaciones fueron aclamadas por la crítica y pronto se convirtió en una de las estrellas del club. Gracias a las emisiones radiofónicas regulares del club, su talento fue apreciado en todo el país.

Uno de los aspectos notables de la estancia de Ellington en el Cotton Club fue su capacidad para adaptar la música a la clientela del club y a las exigencias del local. Compuso y arregló música específicamente para los espectáculos. Composiciones suyas como "*Mood Indigo*", "*It Don't Mean a Thing (If It Ain't Got That Swing)*" y "*Sophisticated Lady*", que se convertirían en clásicos, fueron creadas e interpretadas por la banda del Cotton Club.

Sin embargo, la fama de Ellington no le hizo inmune a los retos a los que se enfrentaba la comunidad negra de su época. Él y su banda tuvieron que soportar la segregación racial y la explotación de los propietarios del club. No se les permitía mezclarse con los clientes blancos, ni siquiera entrar en el club por la puerta principal.

Sin embargo, el talento y el carisma de Ellington trascenderían algún día estas barreras, ya que utilizaría su popularidad para desafiar la segregación racial y allanar el camino hacia una mayor aceptación y reconocimiento de los artistas afroamericanos en el mundo del espectáculo.

Por América y Europa

Las giras de Duke Ellington por América y Europa fueron momentos cruciales de su carrera, en los que mostró su inmenso talento y difundió el evangelio del jazz entre el público de todo el mundo. En Estados Unidos, tras dejar huella en Harlem, Ellington y su orquesta se embarcaron en numerosas giras, recorriendo el país de costa a costa. Estas giras les llevaron a ciudades grandes y pequeñas, desde el hervidero de jazz de Chicago hasta el lugar donde nació el género: Nueva Orleans.

Uno de los retos a los que se enfrentó Ellington durante estas giras fue sortear la segregación racial que imperaba en muchas partes del país. Hoteles, restaurantes y salas de conciertos aplicaban estrictas leyes de segregación, obligándole a soportar la indignidad de alojamientos e instalaciones separados. A pesar de estos obstáculos, permaneció impertérrito, centrándose en su música y utilizándola como herramienta para el cambio social.

En la primavera de 1933, Ellington y su orquesta zarparon hacia Europa, embarcándose en un viaje que cautivaría al público y dejaría una huella indeleble en la escena musical del continente. Su gira les llevó a algunos de los lugares más prestigiosos de Europa, desde las grandes salas de conciertos de París hasta los elegantes salones de baile de Londres. Dondequiera que iban, eran recibidos con entusiasmo y admiración, ya que muchos públicos europeos sólo habían oído hablar del jazz, pero no lo escuchaban realmente.

En París, sus actuaciones en locales como el *Moulin Rouge* y el *Palais de Chaillot* atrajeron a multitudes de melómanos y élites culturales por igual, lo que les valió excelentes críticas en la prensa francesa. Pero fue en Londres donde Ellington dejó verdaderamente su huella. Su residencia en el famoso *Trocadero Club* se convirtió en la comidilla de la ciudad, con multitudes haciendo cola alrededor de la manzana para echar un vistazo a Duke en acción. Desde la realeza y los famosos hasta el pueblo llano, todo el mundo quería formar parte de la experiencia Ellington.

Durante su gira, Ellington y su orquesta actuaron como embajadores culturales, tendiendo puentes entre América y Europa a través del lenguaje universal de la música. En los años siguientes, Duke volvería a Europa muchas veces, pero fue aquella primera gira de 1933 la que sentó las bases de su perdurable legado como pionero de la música estadounidense.

Uno de los momentos culminantes de las giras europeas de Ellington fue su histórica actuación en el Festival de Jazz de Newport en 1956. El concierto, que incluyó una espectacular interpretación de "*Diminuendo and Crescendo in Blue*" con el saxofonista Paul Gonsalves, se considera uno de los mejores momentos de la historia del jazz. Abrió el siguiente capítulo de su vida: sus colaboraciones con otros grandes de su época.

Sus colaboraciones con otras leyendas del jazz

Cuando se habla de leyendas del jazz, Duke Ellington puede ser el más conocido de todos, pero es sólo uno más en la larga lista de grandes afroamericanos. Otro nombre alabado en todos los rincones del planeta, especialmente por su clásica grabación "*What a Wonderful World*", es Louis Armstrong. Ellington y Armstrong colaboraron, pero sólo durante los últimos años de sus vidas.

Duke Ellington y Louis Armstrong en el extremo derecho[12]

Su grabación de "*Duke Ellington Meets Louis Armstrong*" en 1961 demostró que ambos seguían siendo leyendas a pesar de haber pasado ya su mejor momento. El resultado fueron interpretaciones memorables de clásicos como "*Mood Indigo*" y "*Solitude*". Su colaboración tendió un puente entre el swing y el jazz tradicional, creando obras maestras atemporales que se han convertido en las favoritas de los amantes del jazz de todos los tiempos.

Otras colaboraciones famosas de Ellington son:

- **Ella Fitzgerald:** ¿Quién no conoce "*Dream a Little Dream of Me*" de Ella Fitzgerald? La colaboración de Duke Ellington con la "Primera Dama de la Canción" produjo algunas de las grabaciones más memorables del jazz. Su álbum, "*Ella Fitzgerald Sings the Duke Ellington Song Book*", presentaba la hermosa voz de Fitzgerald, que daba un giro sublime a las composiciones de Ellington. Juntos, aportaron un nuevo nivel de sofisticación a estándares del jazz como "*Take the 'A' Train*" y "*Caravan*".

- **Billy Strayhorn:** Quizá la colaboración que más cambió la carrera de Ellington fue con el compositor y arreglista Billy Strayhorn. Las contribuciones de Strayhorn al repertorio de Ellington incluyeron clásicos como "*Take the 'A' Train*" y "*Lush Life*". Ayudó a definir el conocido sonido Ellington y consolidó su estatus de innovador del jazz.

- **John Coltrane** La colaboración de Duke Ellington con la leyenda del saxofón John Coltrane dio lugar al álbum "*Duke Ellington & John Coltrane*", que impulsó su música eones antes de tiempo. El estilo distintivo de Coltrane añadió una nueva dimensión a las composiciones de Ellington, dando lugar a hipnotizantes interpretaciones de temas como "*In a Sentimental Mood*" y "*Take the Coltrane*". Su colaboración tendió un puente entre el jazz tradicional y el moderno, influyendo en generaciones de músicos venideros.

- **Count Basie:** La creación de dos titanes del swing, Duke Ellington y Count Basie, fue el álbum "*First Time! The Count Meets the Duke*". A ambos les gustaba el jazz de big band, pero cada uno tenía su propio estilo: los arreglos esbeltos y blueseros de Basie complementaban las exuberantes orquestaciones de Ellington. Temas como "*Battle Royal*" y "*Jumpin' at the Woodside*" siguen siendo tarareados por los amantes del swing de todo el mundo.

Sus magníficas innovaciones

Una y otra vez en este capítulo y a lo largo de la historia, Duke Ellington es aclamado como innovador del jazz. Destacaba en el piano, pero era capaz de tocar prácticamente cualquier instrumento de jazz. Sin embargo, sus singulares composiciones le convirtieron en un innovador del género.

Ellington era un maestro de la forma, a menudo componiendo obras extensas que iban más allá del estándar de jazz tradicional de tres minutos. Fue pionero en el uso de suites en el jazz, creando composiciones de varios movimientos que narraban historias complejas y exploraban una amplia gama de ideas musicales. Algunos ejemplos son "*Black, Brown, and Beige*", "*The Far East Suite*" y "*Such Sweet Thunder*".

El uso de ricos colores y texturas orquestales, que conseguía mediante una hábil orquestación y un uso innovador de los instrumentos, era su punto definitorio. Sus arreglos presentaban armonías exuberantes (opulentas), contrapuntos intrincados y contrastes dinámicos, creando una cualidad sinfónica que diferenciaba su música del jazz tradicional.

En el mundo de la música, Ellington es probablemente más conocido por trascender géneros. Se inspiró en varias tradiciones musicales en las que el jazz era sólo una parte, como el blues, la música clásica y el folk. Mezcló a la perfección elementos de estos géneros, creando un estilo híbrido que desafiaba las convenciones y ampliaba las posibilidades del jazz. Muchas de sus composiciones se definían por armonías complejas, formas poco convencionales y orquestaciones elevadas, desdibujando la línea entre el jazz y la música clásica.

Lo mejor es que no era el único innovador en su banda de músicos. La orquesta de Ellington era famosa por su nómina de solistas virtuosos, y él era un maestro a la hora de fomentar el talento único de cada músico. Sus composiciones incluían extensas secciones solistas que permitían a los miembros de su banda brillar, resaltando sus voces individuales dentro del conjunto. Este énfasis en la expresión individual y la improvisación fue un sello distintivo del estilo de Ellington y definió el papel del solista en el jazz.

Además, era un maestro del ritmo, y su música era conocida por sus ritmos contagiosos y sus complejos patrones rítmicos. Experimentaba con compases poco convencionales, ritmos sincopados y texturas polirrítmicas, creando una sensación de impulso y balanceo que impulsaba su música.

Un vistazo a sus composiciones más memorables

¿Qué hacía que sus composiciones fueran tan grandiosas e innovadoras? Las letras y las melodías lo dicen todo.

" Sophisticated Lady"

"Dicen que en tus primeros años de vida llegó el romance
Y en este corazón tuyo ardía una llama
Una llama que parpadeó un día y se apagó
Entonces, con la desilusión en el fondo de tus ojos
Aprendiste que los tontos enamorados pronto se vuelven sabios
Los años te han cambiado, de alguna manera"

"Take the 'A' Train"

"Debes tomar el tren A
Para ir a Sugar Hill en Harlem
Si pierdes el tren A
Descubrirás que te perdiste el camino más rápido a Harlem"

"Mood Indigo"

"No has sido azul, no, no, no
No has sido azul
Hasta que hayas tenido ese estado de ánimo índigo
Esa sensación me llega hasta los zapatos"

"It Don't Mean a Thing (If It Ain't Got That Swing)"

"No significa nada, todo lo que tienes que hacer es cantar
Do-wah, do-wah, do-wah, do-wah, do-wah, do-wah, do-wah, do-wah
No importa si es dulce o picante.
Mantén el ritmo, dalo todo".

Sus frases famosas y los elogios que recibió

Duke Ellington no sólo era conocido por sus composiciones musicales, sino también por sus citas y sus pensamientos contra la injusticia racial.

"No creo en categorías de ningún tipo, y cuando hablas de problemas entre negros y blancos en EE. UU., vuelves a referirte a categorías. Eso indica que estás considerando un síntoma y no el problema básico. El

problema básico es la codicia, y en el fondo de toda esa codicia están los prejuicios raciales".

"¿Qué es la música para usted? ¿Qué sería de ti sin música? La música lo es todo. La naturaleza es música (cigarras en la noche tropical). El mar es música, el viento es música. La lluvia tamborileando en el tejado y la tormenta rugiendo en el cielo son música. La música es la entidad más antigua. El alcance de la música es inmenso e infinito. Es el "esperanto" del mundo".

Ellington también era conocido por sus bromas.

"Nunca me interesó mucho el piano hasta que me di cuenta de que cada vez que tocaba, aparecía una chica en el banco del piano a mi izquierda y otra a mi derecha".

Como todo innovador a lo largo de la historia, Ellington fue vapuleado por los críticos de su época, pero muchos también se deshicieron en elogios hacia él antes y después de su muerte.

"Era el panteón de los grandes de la música: los Beethovens, los Monteverdis, los Schoenberg, los impulsores principales, los innovadores inspirados".

Gunther Schuler

"El maestro de todos ellos sigue siendo Duke Ellington. Los demás, en comparación, no son más que compositores-arreglistas. Ellington es un compositor, es decir, está más cerca de saber cómo hacer que una pieza encaje que los demás".

Aaron Copland

Capítulo 5: La fuerza silenciosa: Rosa Parks y el boicot de autobuses de Montgomery

"He aprendido a lo largo de los años que cuando uno está decidido, esto disminuye el miedo; saber lo que hay que hacer acaba con el miedo".
Rosa Parks

Durante el siglo XX, el Sur de Estados Unidos vivía en un estado de penumbra. Era un mundo dividido en dos, donde el color de tu piel dictaba si debías irte caminando a tu nueva escuela o si te llevaba un autobús escolar. La segregación en el Sur no fue algo nuevo que surgiera después de la Guerra Civil. Tiene una larga historia ligada a la raza. Incluso antes de la guerra, el Sur funcionaba sobre la base de la esclavitud, lo que básicamente significaba que los blancos estaban arriba y los negros abajo. No era una buena época para la gente de piel negra.

Rosa Parks[13]

Puede que la guerra de Secesión acabara con la esclavitud, pero después las cosas siguieron siendo un poco complicadas. El Sur tuvo que averiguar cómo reincorporarse al país sin esclavos. Durante esta época de confusión, tanto el gobierno como los estados del Sur establecieron nuevas normas para conceder ciertos derechos a los negros, que ahora eran libres. El gobierno tenía buenas intenciones, pero como era de esperar, no a todo el mundo en el Sur le gustaba la idea de que los negros tuvieran los mismos derechos. Algunos blancos se sintieron amenazados por este cambio. Para este grupo de personas, los que tenían piel negra sólo debían ser esclavos y no tener voz ni voto en nada. Por eso, los estados del Sur empezaron a promulgar nuevas leyes para mantener a los negros separados y que siguieran siendo obedientes. Les quitaron el derecho al voto para asegurarse de que nunca pudieran producir un líder negro. Las leyes de segregación nacieron de las mentes calculadoras de la población blanca de los estados del Sur, que se creían superiores; eran una forma de mantener las cosas como estaban en el Sur antes de que acabara la esclavitud.

La grandeza del Sur contrastaba con las indignidades diarias a las que se enfrentaban los afroamericanos. Las leyes Jim Crow fueron la base de la prohibición de los matrimonios interraciales en esta época.

Pero la cosa no acabó ahí.

Los espacios públicos, desde las aulas de enseñanza hasta los autobuses y taxis en los que viajaban las personas, las fuentes en las que bebían y los aseos en los que se aliviaban, estaban segregados. Era una manifestación física de las líneas invisibles que separaban a los dos grupos de personas reconocidos en el mundo. Los carteles de "blanco" y "de color" colgaban por todas partes como un recordatorio constante y cruel del racismo sistémico que se veía en todos los aspectos de la vida en esta época. Esta era la realidad a la que Rosa Parks se enfrentaba cada día: un mundo en el que la esencia misma de su ser, su dignidad, sufría constantes ataques simplemente por el color de su piel.

El florecimiento de una rosa

Rosa Louise McCauley llegó al mundo un hermoso día, el cuatro de febrero de 1913. Nacida en Tuskegee, Alabama, era hija de padres separados: un carpintero muy trabajador, James McCauley, y una maestra, Leona Edwards. Con su hermano pequeño a cuestas, Rosa y su madre viajaron a Pine Level, un pueblo cercano a Montgomery,

Alabama. Allí encontraron refugio en la granja de sus abuelos.

En su juventud Rosa sufrió a manos de diferentes enfermedades, lo que la llevó a estar un poco atrofiada en su crecimiento. Aunque sus primeros años estuvieron marcados por la lucha, Rosa encontró consuelo en los fuertes brazos de la Iglesia Metodista Episcopal Africana. Hasta que cumplió once años, su educación tuvo lugar dentro de las amorosas paredes de su propio hogar, alimentada por las enseñanzas de su madre. Luego vino la Escuela Industrial para Niñas, un lugar donde Rosa aprendió no sólo de los libros, sino también habilidades prácticas. Por desgracia, el destino tenía otros planes. Su abuela enfermó y Rosa tuvo que tomar una decisión difícil: dejar la escuela para cuidar a la mujer que la había cuidado.

Dondequiera que mirara la joven Rosa, veía cómo las crueles leyes separaban a blancos y negros en casi todos los rincones de la vida: baños, fuentes de agua, escuelas e incluso los autobuses en los que viajaban. Los niños blancos iban a la escuela en lujosos autobuses mientras que los niños negros iban a pie. Incluso en los autobuses urbanos, los negros se veían obligados a sentarse en la parte de atrás, en la sección de "personas de color", lejos de los blancos. Era un mundo de injusticias.

La vida de Rosa Parks se desarrolla en este contexto, con los ecos de la esclavitud ensombreciendo a la generación que la precedió. Vivió una vida marcada por la lucha, pero también por una determinación inquebrantable. Siendo una joven que crecía en Alabama, fue testigo de las injusticias de la segregación con claridad y convicción. Su espíritu permaneció inquebrantable, su determinación siempre estuvo ahí, incluso cuando su joven mente se las ingeniaba para navegar por un mundo que pretendía confinarla a los márgenes de la sociedad.

Rosa la Investigadora

Rosa Parks conoció a Raymond Parks en 1932, cuando ella tenía 19 años. Se casaron y empezaron una vida plena juntos. Los dos tortolitos vivieron su unión sin tener hijos. Raymond era barbero y miembro del movimiento por los derechos civiles, la NAACP. Raymond participó en el intento de lograr un mejor tratamiento laboral para los trabajadores de Montgomery. También ayudó a recaudar dinero para defender a nueve adolescentes negros acusados injustamente de un delito.

Con la ayuda de Raymond, Rosa se implicó en la lucha por los derechos de los ciudadanos negros. En 1943, ignorando todos los consejos de Raymond de que se mantuviera alejada del movimiento por los derechos civiles, ella misma se unió a la sección de Montgomery de la NAACP. Tenía fuego en el espíritu. Era joven y estaba dispuesta a luchar por lo que era justo.

En 1944, mientras Rosa trabajaba con la Asociación Nacional para el Progreso de las Personas de Color, NAACP, una organización de derechos civiles de Montgomery, le pidieron que investigara el caso de Recy Taylor. Ella era una joven madre negra de 24 años, que fue secuestrada y violada en grupo por seis hombres blancos. Cuando Rosa acudió a hacerle preguntas, la joven madre le contó cómo los hombres la utilizaron brutalmente, la magullaron y la dejaron a la intemperie con los ojos vendados. ¡Qué acto de inhumanidad!

Rosa estaba tan apasionada por este caso que se encargó de poner en marcha un comité para reclamar justicia para la Sra. Recy Taylor. Esto fue después de que ella se enteró de que los hombres mencionados no fueron detenidos, incluso después de haber confesado el crimen. Instó a los miembros del comité a enviar cartas de este tipo de crímenes al Sur en masa, e incluso envió una carta personal con el membrete del comité al Gobernador sobre este asunto. Sólo investigaron el crimen más a fondo, pero dejaron a los hombres en libertad. Rosa estaba desconsolada. No fue hasta varios años más tarde que los legisladores de Alabama finalmente admitieron el crimen de no procesar a los delincuentes en el asalto a la Sra. Taylor.

Rosa se levanta, sentándose

Rosa Parks completó su educación secundaria en la Highlander Folk School. La estimada institución era un faro de esperanza que le enseñaba sus derechos a los negros, así como temas de igualdad. Rosa aprendió lo suficiente como para querer luchar por los derechos de su pueblo. El brutal asesinato de Emmett Till, un joven negro de sólo 14 años, sacudió a Rosa hasta la médula. El adolescente había sido acusado falsamente de flirtear con una mujer blanca y, como consecuencia, fue asesinado sin miramientos por hombres blancos. Este acto sin sentido, evidentemente alimentado por el odio racial, proyectó una larga sombra sobre Rosa. Como si fuera una película triste, no dejaba de reproducirla una y otra vez en su cabeza, enfadada con el sistema por tratar a su gente como si no valieran nada.

Cuatro días después de este incidente, Rosa acababa de subir a un autobús, harta y cansada de su trabajo diario de costurera. Lo único que quería era llegar a casa y apartarse de la evidencia de la segregación que pendía sobre su cabeza. Se sentó al lado de una persona de su mismo color. En los años cincuenta, las cosas eran diferentes en el sur de Estados Unidos. Había una zona central donde ambos podían sentarse, pero si algún blanco quería un asiento allí, los negros tenían que ceder sus puestos.

Mientras Rosa Parks y otras tres personas negras estaban sentadas en la zona central, una persona blanca subió al autobús, pero como la sección "blanca" ya estaba llena, necesitaba un asiento. El conductor, un hombre llamado James F. Blake, ladró la orden que Rosa había oído innumerables veces: "¡Cuatro asientos adelante para un blanco!". Les dijo a los cuatro negros que se movieran para que el blanco no tuviera que sentarse a su lado. Los demás se levantaron, pero Rosa Parks se negó. Les dijo que tenía los pies cansados. Sin embargo, no era así. Estaba cansada, no de caminar, sino de ser tratada injustamente por el color de su piel.

Fue el primer día de diciembre, y en ese momento, algo dentro de Rosa se rompió. Los años de humillación y el silencioso desvanecimiento de su dignidad se unieron en un único y poderoso NO. Su voz, normalmente suave, sonó con una determinación férrea. No se movería. En ese momento, supo que había llegado el momento de pronunciarse. En el aire flotaba un silencio denso y un zumbido de expectación. No se trataba sólo de un asiento, sino de toda una vida de injusticia, de una lucha por un futuro en el que los negros pudieran viajar en autobús y vivir la vida con la cabeza bien alta. Así que Rosa se negó vehementemente a levantarse, lo que condujo a su arresto. Decidió que ya era suficiente. Recordó la desafortunada vez que el mismo conductor la había echado del autobús porque había subido por la puerta equivocada. Se hartó de evitar los conflictos.

Nacimiento del boicot de autobuses de Montgomery

Este era un mundo en el que una mujer negra como Rosa podía ser tuteada por un niño blanco, ya que no merecía respeto y en el cual la cortesía estaba reservada únicamente para la gente de piel blanca. Este resentimiento latente, este desafío silencioso, se había estado gestando en Rosa durante años, como una presión que se iba acumulando hasta que estalló de forma monumental.

Montgomery tenía un Consejo Político de Mujeres, formado por mujeres negras. Rosa Parks era una de ellas. Trabajaban para luchar contra el maltrato que sufrían los negros en los autobuses; algunos incluso habían sido detenidos o asesinados por desobedecer las órdenes del conductor. Aunque Rosa no fue la primera en negarse a ceder un asiento, la población negra de la ciudad la vio como el ejemplo perfecto al que unirse porque era una ciudadana respetada.

El autobús de Rosa Parks [14]

Así que el Consejo Político de Mujeres pasó a la acción. Convocaron un boicot, pidiendo a todos los negros de Montgomery que dejaran de viajar en los autobuses urbanos el día del juicio de Rosa. Y, ese lunes, una gran multitud -más de cuarenta mil personas- optó por caminar o buscar otras formas de desplazarse. Esa misma tarde se celebraron reuniones por toda la ciudad y los residentes negros decidieron seguir boicoteando los autobuses hasta que cambiaran las cosas en el sistema. Su petición era sencilla. Querían que se contratara a conductores de autobús negros y que todo el mundo pudiera sentarse en cualquier lugar del autobús sin tener que desplazarse por otra persona.

El boicot duró mucho tiempo: 381 días, precisamente. Fue dirigido por los líderes locales E.D. Nixon y un joven ministro llamado Martin Luther King Jr. Protestas similares se iniciaron incluso en otras ciudades del Sur. Finalmente, el más alto tribunal del país, el Tribunal Supremo, tomó una decisión sobre el caso de Rosa en 1956. Dictaminó que separar a las personas por su raza en los autobuses urbanos era ilegal. Esta decisión llegó casi un año después, el 13 de noviembre de 1956. Al día siguiente de la orden judicial, el 20 de diciembre, terminó el boicot a los autobuses de Montgomery.

Rosa Parks, junto con Martin Luther King Jr., había iniciado un movimiento basado en la protesta pacífica en el Sur. Este movimiento cambió por completo el trato que recibían en Estados Unidos las personas con distinto color de piel. Martin Luther King Jr. se convirtió en la voz del movimiento, pero por desgracia, no viviría para ver todos los cambios que su trabajo ayudó a traer. Sin embargo, Rosa Parks sí lo hizo, y se convirtió en un símbolo de valentía y de defender lo que es correcto.

La Rosa desafiante de Montgomery - Un legado de valor

El simple acto de Rosa Parks de negarse a ceder su asiento en el autobús a un hombre blanco se convirtió en una chispa que desató una tormenta de justicia. Esa chispa fue el boicot a los autobuses de Montgomery, que cambió para siempre Estados Unidos. Su desafío no fue un arrebato al azar. Fue la culminación de años de frustración latente contra el deshumanizante sistema de segregación racial. Los negros eran tratados como ciudadanos de segunda clase, y Rosa dijo "no más" a ese sistema de opresión y, al hacerlo, desencadenó un movimiento.

Rosa Parks, tras ser detenida por negarse a ceder su asiento[15]

El boicot de autobuses de Montgomery se convirtió en un clamor de rebeldía contra una sociedad que negaba los derechos básicos a los negros. Durante más de un año, los residentes negros de Montgomery caminaron, compartieron coche o incluso desafiaron el frío en lugar de viajar en autobuses segregados. Esta protesta pacífica atrajo la atención nacional sobre la fealdad de la segregación.

El boicot trajo consigo retos formidables. Los negros se enfrentaron a una hostilidad generalizada, intimidación y, lamentablemente, casos de violencia. Sin embargo, se mantuvieron firmes y su unidad demostró lo poderosa que era la acción colectiva. Se mantuvieron firmes ante la implacable embestida de la adversidad. Todos habían tomado una decisión. Era el momento de hablar por sí mismos, y lo hicieron con sus acciones.

La sentencia del Tribunal Supremo a favor de los negros fue una victoria no sólo para Montgomery, sino para todo el Movimiento por los Derechos Civiles. Hoy en día, Rosa Parks es la personificación del coraje. Su historia sigue inspirando a la gente a luchar por lo que es justo, a decir la verdad al poder y a no renunciar nunca al sueño de la igualdad. El boicot de autobuses de Montgomery es un testimonio de que incluso la gente corriente puede conseguir cosas extraordinarias cuando se une por una causa justa.

Incluso después del famoso incidente del autobús, Rosa Parks siguió luchando por los derechos civiles. Trabajó para la NAACP y asistió a muchos actos por los derechos civiles. Aunque se hizo famosa, era una persona tranquila a la que no le gustaba llamar la atención. Pero utilizó su fama para hacer el bien. Quería ayudar a los jóvenes, especialmente a los niños negros, a tener una buena vida. Así que en 1987 fundó una escuela especial llamada Instituto Rosa y Raymond Parks para el Autodesarrollo. Todo su duro trabajo de lucha por la igualdad no pasó desapercibido. Rosa Parks recibió dos de los premios más importantes de Estados Unidos. El Presidente Clinton le concedió la Medalla Presidencial de la Libertad en 1996, y en 1999 recibió la Medalla de Oro del Honor, de parte del Congreso.

La inspiración que significa Rosa Parks

Por las venas de Rosa Parks no corría sangre real. No era una cantante famosa ni una predicadora llena de espíritu. Era una tranquila costurera que, con un simple acto, alteraría para siempre el curso de la historia de

Estados Unidos. La historia de Rosa es la prueba de la notable influencia que una persona puede tener en su generación y en la historia en general. El Boicot de Autobuses de Montgomery desencadenó una revolución, impulsando el Movimiento por los Derechos Civiles y llevando la esperanza a todos los que luchaban por la igualdad.

La historia de Rosa Parks y el boicot a los autobuses de Montgomery sirve como fuente de inspiración duradera para los debates sobre derechos civiles y activismo, y resuena a través del tiempo de varias maneras profundas:

- **Valentía ante la injusticia:** Rosa Parks no dio lugar al miedo. Bueno, tal vez estaba un poco asustada, pero incluso sabiendo que podría meterse en problemas, no cedió su asiento en ese autobús. Ese simple acto de rebeldía requirió agallas. Demostró a todo el mundo que, incluso cuando las cosas parecen injustas, se puede defender lo que es justo. Su postura audaz y su valentía nos inspiran a hacer lo mismo, animando a las personas a enfrentarse a la injusticia, incluso cuando se encuentran con obstáculos formidables.

- **El poder de la protesta pacífica:** Tras la detención de Parks, se produjo el boicot a los autobuses de Montgomery, una protesta masiva que comenzó gracias a Rosa Parks. Los negros de Montgomery estaban cansados de que se les tratara de forma diferente en los autobuses, así que decidieron ir a pie y soportar el frío. Fue una protesta pacífica, pero poderosa. Mostró a todos la fuerza de la unión. El boicot se convirtió en un caso de estudio convincente sobre estrategias efectivas de activismo, mostrando cómo una protesta pacífica puede crear un cambio real.

- **El papel de los individuos en los movimientos por los derechos civiles:** Rosa Parks no era una política importante ni nada por el estilo. Era una persona normal, como tú y como yo. Su historia demuestra que cualquiera puede marcar la diferencia, sea quien sea. Todos tenemos el poder de luchar por lo que es justo. Todos tenemos un papel fundamental que desempeñar como individuos, independientemente de nuestro estatus social.

- **La lucha por la igualdad:** La lucha de Rosa Parks contra la segregación racial y la discriminación no ha terminado. La lucha por la igualdad aún no ha terminado. El racismo y el trato injusto siguen formando parte de nuestro mundo actual. Pero, gracias a la historia de Rosa Parks, ahora sabemos lo lejos que hemos llegado y lo mucho que nos queda por andar. Es una llamada a la acción para que una nueva generación siga luchando por un mundo en el que todos reciban el mismo trato, independientemente del color de su piel.

La historia de Rosa Parks es un poderoso mensaje en favor de la igualdad y la justicia, una luz que guía a cualquiera que luche por los derechos civiles. Nos proporciona un telón de fondo histórico, demuestra que las protestas pacíficas pueden funcionar y nos recuerda que incluso la gente corriente puede marcar una gran diferencia. Su valentía nos enseña valiosas lecciones que seguirán resonando en la conciencia colectiva de la humanidad, inspirando a generaciones a seguir luchando por un mundo en el que todos reciban un trato justo y respetuoso.

Frases célebres

"Fueran cuales fueran mis deseos individuales de ser libre, no estaba sola. Había muchos otros que sentían lo mismo".

-Rosa Parks

"La gente siempre dice que no renuncié a mi puesto porque estaba cansada, pero eso no es cierto. No estaba cansada físicamente, o no más cansada de lo que suelo estar al final de una jornada laboral. No era vieja, aunque algunas personas tienen una imagen de mí como si lo fuera entonces. Tenía cuarenta y dos años. No, el único cansancio que tenía, era el de siempre tener que ceder".

-Rosa Parks

Capítulo 6: Luminaria literaria: Las sabias palabras de Maya Angelou

¿Qué sería del mundo literario sin las obras de la gran Maya Angelou? Maya fue algo más que una poeta: fue una activista de los derechos civiles, una heroína y la voz de una generación que habló en nombre de los afroamericanos. Utilizó su talento para inspirar a otras mujeres y marcar la diferencia en el mundo.

Cimentó su nombre entre algunos de los más grandes poetas del mundo con poemas como *Still I Rise*, *Caged Bird*, *On the Pulse of Morning* y otros.

Este capítulo abarca la vida de una gran mujer cuyas palabras aún resuenan hoy en día.

Maya Angelou [16]

Los primeros años de Maya Angelou

Marguerite Ann Johnson, alias Maya Angelou, nació en San Luis (Misuri) el 4 de abril de 1928. Obtuvo el nombre de "Maya" de su hermano mayor, Bailey Johnson Jr. Cuando ella nació, Bailey era tartamudo y no podía pronunciar su nombre correctamente, así que la llamaba "My" como en "Mi hermana".

Una vez ese hermano estaba leyendo un libro sobre la civilización maya. Le gustó mucho el nombre y pensó que "Maya" sería el apodo perfecto para su hermana. No se imaginaba que sería un nombre que conocería todo el mundo.

Maya tuvo una vida muy dura y una infancia traumatizante. Sus padres tuvieron un matrimonio problemático y se divorciaron cuando ella sólo tenía tres años. Su vida cambió drásticamente tras ese suceso. Ella y su hermano Bailey, con el que compartía un estrecho vínculo, se fueron a vivir con su abuela paterna, Anne Henderson, a Stamps, Arkansas.

La nueva vida de Maya fue todo un reto. Stamps era una comunidad blanca, y ella y su hermano sufrían la injusticia y el racismo. Cuando Maya tenía sólo cuatro o cinco años, conoció el mundo real y vio cómo era la vida para los negros. Cada día oía un comentario o se enfrentaba a una situación que destruía su confianza y le rompía el corazón.

Cuando Maya tenía ocho años, visitó a su madre y se quedó con ella un tiempo. Lo que ocurrió durante esa visita cambió la vida de Maya para siempre. Su madre salía con un hombre horrible llamado Freeman. Freeman agredió sexualmente y violó a Maya en su propia casa, el primer lugar al que llamaba hogar y el único lugar en el que debería haberse sentido segura.

Maya habló del traumatizante incidente en su autobiografía de 1969, "Sé por qué canta el pájaro enjaulado". Dijo: "El acto de violación en un cuerpo de ocho años es una cuestión de que la aguja da porque el camello no puede. El niño da porque el cuerpo puede, y la mente del violador no".

Freeman fue detenido y declarado culpable, pero sólo permaneció un día en prisión. Cuando salió, los tíos de Maya lo mataron para vengar a su joven sobrina. Maya se culpó de su muerte y creyó que fueron sus palabras, diciendo que él la había violado, las que lo mataron.

La violación y el asesinato fueron demasiado para cualquier niña. Maya quedó traumatizada y no pudo hablar durante cinco años. Siendo una niña pequeña con poca comprensión del mundo, Maya creía que su voz era lo suficientemente poderosa como para matar a un hombre. Le aterrorizaba la idea de que si volvía a hablar, moriría más gente.

Más tarde, Maya descubriría lo poderosa que era su voz y su impacto en el mundo.

Maya regresó a Stamps, donde vivió con su hermano y su abuela. Durante esos cinco años, se recluyó en sí misma. No permitía que nadie se le acercara, salvo su hermano.

La cara fea del racismo

El racismo del que Maya fue testigo en Stamps moldeó su voz y su forma de contar historias. Fue testigo del trato inhumano y los crímenes despiadados que se cometían a diario contra los negros. La comunidad blanca les negaba su identidad. Maya se negó a ser víctima de sus circunstancias y se levantó contra la injusticia desde muy joven.

Trabajaba como criada para una mujer blanca adinerada. La mujer se negó a llamarla Maya y la llamó Mary. Maya sintió que debía proteger su identidad y corrigió a la mujer varias veces diciéndole que se llamaba Maya.

Sin embargo, la mujer la ignoró y continuó con su comportamiento intolerante. Maya no pudo soportarlo más. En un movimiento poderoso y rebelde, Maya rompió los platos de la mujer y renunció.

Maya veía la fea cara del racismo allá donde miraba. Una vez tuvo un terrible dolor de muelas y su abuela, Annie, la llevó al dentista. Era blanco y se negó a tratar a una niña negra. Annie y Maya tuvieron que recorrer una larga distancia para encontrar un dentista negro que la atendiera.

La experiencia de Maya con el racismo y la brutalidad a la que se vieron expuestos ella y su hermano les marcó. Muchas mujeres negras sentían que su lugar en el mundo estaba labrado y que seguirían viviendo bajo la opresión. Sin embargo, Maya era diferente. Antes de coger el bolígrafo para escribir, en su mente escribía su propia historia. No era la de una chica derrotada que se rendía a sus circunstancias, sino la de una chica fuerte dispuesta a desafiar a una sociedad ignorante.

El amor de Maya por la literatura y la escritura comenzó a una edad temprana, cuando vivía en Arkansas. Era una gran admiradora de Edgar

Allan Poe y William Shakespeare, y memorizaba sus poemas. También escribió su propia poesía cuando aún era una niña, mostrando su inmenso talento y profetizando el gran futuro que le esperaba.

Maya se negó a que una sociedad intolerante y fanática la definiera. Fue resistente y se empeñó en cambiar la narrativa y perseguir sus sueños. Viviendo en una comunidad blanca que intentaba silenciar a los negros, Maya encontró su voz en la escritura.

Un nuevo comienzo

Cuando Maya cumplió 13 años, ella y Bailey se trasladaron a San Francisco a vivir con su madre. Durante este tiempo, Maya había recuperado la voz y había empezado a hablar. San Francisco brindó a Maya la oportunidad de empezar de nuevo y liberarse de las ataduras de su traumático pasado. Asistió al instituto Mission High School, donde ganó una beca para estudiar arte dramático y danza en la Labor School de San Francisco.

Durante su estancia en la Labor School conoció ideales progresistas que influyeron en su activismo político. En 1942, Maya abandonó los estudios para convertirse en la primera mujer afroamericana conductora de trolebuses del estado.

Su deseo de educación era poderoso, y volvió a la escuela y se graduó en 1944.

Guy Johnson

En su último año de instituto, Maya mantuvo una breve relación con un joven y se quedó embarazada. A los 17 años y poco después de graduarse, dio a luz a su único hijo, Clyde Bailey (Guy) Johnson, al que puso el nombre de su hermano.

No era la vida que Maya había imaginado para sí misma. Sin embargo, no abandonó a su hijo ni descuidó sus necesidades. Se fue de casa de su madre para empezar su vida como madre soltera.

No pidió dinero ni apoyo a su familia. Trabajó como cocinera y camarera para mantener a su hijo. Sin embargo, Maya no dejó que sus responsabilidades la distrajeran de su amor por la poesía, la danza y la música.

Los múltiples talentos de Maya

En 1952, Maya se casó con un marinero griego, Anastasios Angelopoulos. Entonces comenzó su carrera de cantante en clubes nocturnos y se hizo llamar Maya Angelou, adoptando el apellido de su marido. Sin embargo, su matrimonio no duró y se divorciaron al cabo de tres años.

La vida de Maya cambió para mejor. Su carrera como cantante floreció y se unió a la ópera, interpretando *Porgy and Bess* en América y Europa.

También fue bailarina y estudió con Martha Graham, icono de la danza a la que la revista Time llamó "Bailarina del Siglo". Interpretó varios bailes en televisión con el bailarín estadounidense Alvin Ailey.

Maya también fue una cantante de éxito. Escribió muchas canciones y grabó su primer álbum, *Calypso Lady*, en 1957.

En 1959, Maya se trasladó a Nueva York para unirse al *Harlem Writers Guild*, un grupo de escritores afroamericanos que apoyaban a los autores negros asociados al Movimiento por los Derechos Civiles.

Encontrar el amor y explorar el mundo

En Nueva York, Maya conoció al abogado sudafricano y activista de los derechos civiles Vusumzi Make. La pareja se enamoró enseguida, y Maya viajó con Make a El Cairo (Egipto), donde trabajó como redactora en *The Arab Observer*.

Maya y Vusumzi rompieron un año después, y ella se trasladó con su hijo a Ghana. Fue redactora en *The Ghanaian Times*, editora en *The African Review* y administradora adjunta en la Escuela de Música y Arte Dramático de la Universidad de Ghana. También trabajó con el grupo de expatriados afroamericanos.

Parecía que la agenda de Maya estaba repleta. Sin embargo, la brillante poeta encontró tiempo para aprender árabe, francés, italiano y español.

Amistad con Malcolm X

Maya y Malcolm se conocieron en 1961, cuando ella aún vivía en Nueva York. Lo describió utilizando un lenguaje poético que sólo la gran Maya Angelou podía concebir: "*Su aura era demasiado brillante, y su fuerza masculina me afectó físicamente. Una tormenta caliente del desierto se* arremolinaba a su alrededor y se abalanzaba sobre mí, haciendo que mi piel se contrajera y mis poros se cerraran de golpe... su pelo era del color de las brasas ardientes, y sus ojos penetraban".

En 1964, se reunieron en Ghana. A menudo les acompañaban otras grandes mentes como el escritor estadounidense W.E.B. Du Bois.

Malcolm se disponía a crear la Organización de Unidad Afroamericana para abordar los problemas raciales en Estados Unidos. Le impresionó la brillante mente de Maya y su dedicación a la lucha contra el racismo. Quería que se uniera a su organización. La convenció para que abandonara Ghana y regresara a Estados Unidos para que pudieran trabajar juntos para ayudar a los negros oprimidos.

Cuando Malcolm regresó a Estados Unidos, él y Maya mantuvieron el contacto y se escribieron. Maya solía darle consejos útiles. En una de sus cartas, le decía que hablara a la gente como si fuera uno de ellos y evitara hablarles por encima del hombro. Malcolm agradeció sus comentarios y quedó muy impresionado por su perspicacia. Le contestó que tenía un alma grande y los pies en la tierra, cualidades que la hacían especial.

Las dulces palabras de Malcolm conmovieron mucho a Maya, que estaba deseando abandonar Ghana y unirse a su organización.

Al cabo de un mes, Maya volvió a casa. Su amistad era tan fuerte que él quiso ir a recogerla al aeropuerto, pero ella le dijo que estaba visitando a su familia en San Francisco. Sin embargo, estos dos grandes amigos nunca volvieron a verse. El 21 de febrero de 1965, Malcolm fue asesinado.

Amistad con el Dr. Martin Luther King

Maya continuó su labor como activista de los derechos civiles. Poco después de la muerte de Malcolm, conoció al Dr. Martin Luther King. King se puso en contacto con ella para que actuara como coordinadora de la *Southern Christian Leadership Conference*, una organización de derechos civiles. A Maya le entusiasmó trabajar con King.

Sin embargo, su alegría no duró mucho. El Dr. King fue asesinado y, en un cruel giro del destino, el incidente tuvo lugar el día del cumpleaños de Maya. Maya quedó desolada cuando se enteró de la noticia. Su cumpleaños dejó de ser una ocasión feliz y dejó de celebrarlo durante años, ya que se asociaba a la muerte de un buen amigo y de un héroe estadounidense. Durante 30 años envió un ramo de flores a la esposa de King en el aniversario de su muerte.

Tras el fallecimiento de King, Maya se centró más en sus escritos y siguió trabajando con organizaciones de derechos civiles, lo que inspiró muchos de sus poemas.

Uno de sus poemas más populares es *"On the Pulse of Morning"*, que trata temas como el dolor histórico, la reconciliación y la responsabilidad. Anima a blancos y negros a reconciliarse con el pasado y acabar con la ignorancia y la violencia.

"Ven, vestido de paz y cantaré las canciones
que el Creador me dio cuando
el árbol, la piedra y yo éramos uno.
Antes de que el cinismo fuera una quemadura sangrienta en tu frente
Y cuando aún sabías que aún no sabías nada.
El río canta y sigue cantando".

En 1993, Maya leyó este poema en la toma de posesión de Bill Clinton.

Sé por qué canta el pájaro enjaulado

El novelista James Baldwin consoló a Maya tras el fallecimiento de Martin Luther King Jr. Él fue quien la animó a buscar consuelo en su obra literaria. Empezó a escribir su autobiografía, *"Sé por qué canta el pájaro enjaulado"*. Fue una obra honesta y cruda, que contaba su vida desde la infancia hasta el nacimiento de su hijo. Hablaba de todos los retos a los que se enfrentó como joven negra en una comunidad blanca. También habló de su traumática experiencia con el novio de su madre y del impacto que tuvo en su vida.

El título de su libro es un verso de *"Sympathy"*, poema del poeta estadounidense Paul Laurence Dunbar.

La autobiografía de Maya Angelou [17]

"Sé por qué canta el pájaro enjaulado, oh lo sé,
Cuando su ala esté magullada y su pecho adolorido -
Cuando rompa sus barrotes, será libre".

Maya encontró inspiración en las palabras de Dunbar porque son la analogía perfecta del deseo de los negros de liberarse de la opresión. La historia trata de un pájaro enjaulado que canta y agita las alas porque está triste y quiere liberarse de la jaula que está matando su espíritu.

Maya también era como un pájaro cuando vivía en Arkansas. Stamps era su jaula, donde la gente intentaba borrar su identidad. Mientras el pájaro cantaba y agitaba las alas, Maya rompía platos y se mantenía erguida, negándose a permitir que nadie aprisionara su espíritu.

En el poema, el pájaro se hiere a sí mismo al no poder escapar de la jaula. Sin embargo, Maya no pasó toda su vida como un pájaro enjaulado, sino que encontró su libertad escapando de Arkansas.

En 1970, Maya publicó su autobiografía, que fue un éxito instantáneo. Fue un bestseller del New York Times durante dos años y fue nominada al *National Book Award*.

Gran éxito

Maya se convirtió en una figura nacional, y muchos encontraron sus palabras inspiradoras y valientes. Su poesía es un himno de libertad y resistencia. Poemas como *"Still I Rise"* muestran la brillante elección de palabras de Maya, que refleja emociones poderosas.

" Desde los cobertizos de una vergüenza histórica
Me levanto
De un pasado enraizado en el dolor
Me levanto
Soy un océano negro, impetuoso y extenso,
Fluyendo y embraveciendo soporto la marea.
Dejando atrás noches de espanto y miedo
Me levanto
En un nuevo día asombrosamente claro
Me levanto"

El poema refleja cómo Maya se levantó del racismo, la opresión y su oscuro y traumático pasado para convertirse en una de las poetas más famosas del mundo. También simboliza la lucha de los afroamericanos durante la época de los derechos civiles y su búsqueda de la libertad y la igualdad. La repetición de la frase *"Still I Rise"* refleja la resistencia y la fuerza de Maya.

Maya fue una conferenciante y profesora que inspiró a estudiantes de todo el país. En 1972, escribió el guión y compuso la banda sonora de la película *Georgia, Georgia*. Fue el primer guión de una afroamericana que se produjo.

Maya escribió 36 libros y unos 167 poemas. Fue nominada al Pulitzer y recibió la Medalla Presidencial de la Libertad. Alcanzó fama internacional y ahora todo el mundo conoce su nombre.

Proceso creativo

Crear obras maestras como los poemas de Maya es un proceso. Ella no se sentaba en el sofá y escribía. Tenía unas reglas extrañas para escribir.

Habitaciones de hotel

Aunque Maya tenía una gran casa, prefería escribir en habitaciones de hotel vacías y silenciosas, sin televisión ni arte mural, para evitar distracciones. En una entrevista con Oprah, Maya dijo que necesitaba encontrar un lugar tranquilo en su interior para escuchar sus pensamientos.

Llegaba allí al amanecer, normalmente a las 5.30 de la mañana, para escribir. Se tumbaba en la cama con papel y bolígrafo y dejaba que las palabras fluyeran.

Jerez

A las 6.15 de la mañana, Maya se tomaba una copita de jerez. Una vez que entraba en la zona, no tomaba otra copa, ya que entraba en su mundo y quería mantenerse concentrada.

Biblia

Maya era una artesana de la palabra, pero necesitaba inspiración. A menudo tenía una Biblia judaica y otra cristiana, porque le gustaba la selección de palabras y la música de los versículos. También utilizaba un diccionario normal y uno de sinónimos.

Madrugadora

Maya era madrugadora. Se levantaba a las cinco de la mañana todos los días y llegaba a su habitación de hotel a las seis y media para empezar a trabajar.

El legado de Maya en la literatura contemporánea

Maya no era sólo la voz de su generación; es la voz de todas las generaciones. Sus opiniones y poemas siguen siendo relevantes hoy en día. Dejó una enorme huella en el mundo literario con sus poemas y libros, que se enseñan en escuelas y universidades de todo el mundo.

Es un modelo para los afroamericanos que, durante siglos, han vivido en una sociedad que intenta continuamente silenciarlos y hacerles creer que sus voces no importan.

Sus poderosos temas siguen interesando a muchos jóvenes afroamericanos que se identifican con sus luchas. Sienten que cada poema que escribió describe perfectamente sus vidas en una sociedad que aún tiene mucho que aprender sobre la igualdad.

Still I Rise, de Angelou[18]

La experiencia de Maya como joven negra resuena en muchos afroamericanos de hoy que siguen luchando contra la intolerancia y la opresión. Leer poemas como *"Still I Rise"* les empodera y les hace creer que, independientemente de lo que tengan que afrontar, no se derrumbarán ni serán derrotados. Siempre se levantarán.

Las obras literarias de Maya se han traducido a muchos idiomas, influyendo en personas de diferentes culturas y procedencias.

Como víctima de abusos sexuales, Maya fue valiente al contar su historia, animando a mujeres de distintas razas a alzar la voz y exigir justicia.

Maya también influyó en la cultura moderna. Escribió guiones de cine, actuó como estrella invitada en programas de televisión populares como Plaza Sésamo y apareció en programas de entrevistas como *The Tonight Show*. También tuvo un papel destacado en el legendario programa de televisión *Roots*.

Maya partió de este mundo el 28 de mayo de 2014, dejando un legado que sobrevivirá a la prueba del tiempo. Durante siglos se hablará de ella y su nombre se mencionará en el mundo literario junto a poetas como William Wordsworth y Emily Dickinson.

Capítulo 7: El guerrero gentil: La cruzada pacífica de Desmond Tutu

El arzobispo Desmond Tutu no era un líder político; era un siervo de Dios que no ambicionaba el poder. Esta cualidad le permitió denunciar las injusticias de todos los bandos. Su lucha por la igualdad y la liberación nunca llegó con botas militares y una pistola. En cambio, cogió una Biblia, una pluma y un micrófono y consiguió cambiar el mundo.

La única vez que Desmond Tutu levantó las manos fue para detener una pelea. Sus palmas nunca se levantaban para herir a alguien o para rendirse. Como guerrero pacífico, sus palabras eran su espada para defender y su venda para curar. El arzobispo se erigió en justa representación de cómo la misma religión que oprimía a los africanos podía liberarlos.

Desmond Tutu[19]

Para Desmond Tutu, la misión de paz nunca terminó. Cuando Sudáfrica superó por fin las injusticias del apartheid, aseguró una transición pacífica con la Comisión de la Verdad y la Reconciliación. El Arzobispo amplió su mentalidad y se asomó a la escena mundial para condenar las atrocidades cometidas en todo el mundo y avanzar activamente para lograr el cambio. Para este poderoso clérigo, permanecer en silencio no era una opción. Con gran riesgo para sí mismo, siempre dijo la verdad y defendió lo que era correcto.

Apartheid en Sudáfrica: La discriminación como ley

Un desconocido agarra su gabardina mientras el viento raspa sus nudillos cenicientos. Busca frenéticamente a derecha e izquierda un taxi que le lleve a casa. Ha sido un largo día de trabajo. Entrecierra los ojos cuando el sol anaranjado se refleja en una ventana cercana. Se da la vuelta y corre hacia la esquina mientras el taxi recoge a algunos pasajeros. Su carrera se detiene cuando una mano gigante le agarra por detrás del cuello.

El uniforme beige del agente provoca escalofríos en el cuerpo del desconocido. El agente le exige un pase de trabajo. Tantea, temblando de miedo, golpeando torpemente todos los bolsillos de sus capas de invierno. Finalmente, saca el libro. El agente lo examina con lupa. Le clava el libro en el pecho, le empuja y termina el intercambio con un insulto racial.

Las leyes discriminatorias del sistema de apartheid fueron la culminación de las actitudes raciales opresivas de la colonización. Los recursos se repartían de forma desigual en función de la raza y se aplicaban leyes diferentes a las distintas razas. Las mejores zonas estaban reservadas a los blancos, mientras que otros grupos eran empujados a barrios marginales raciales. Las personas fueron desplazadas a la fuerza de sus tierras ancestrales y arrojadas a nuevas vidas que nunca pidieron.

En este entorno volátil, surgieron las escuelas misioneras para difundir el Evangelio entre los africanos y educarlos en las costumbres civilizadas de los europeos. Pintar a los africanos como personas inferiores que necesitaban ser salvadas por la Iglesia fue una herramienta más para la opresión de los negros. La doctrina cristiana era una justificación para la discriminación. Sin embargo, en la Biblia hay enseñanzas de amor, compasión, liberación y de tratar al prójimo con amabilidad. Así que, al igual que el cristianismo, podía utilizarse para oprimir, pero también podía aplicarse a la paz, la justicia y la liberación.

Los líderes religiosos desempeñan un papel importante en la orientación moral de una nación. Los clérigos dedicados al servicio de Dios deben representar a los que más sufren. A través de sus cartas, discursos y activismo, Desmond Tutu encarnó el latido moral del cristianismo. Utilizó con valentía su poderosa voz y su ética espiritual para denunciar la injusticia allí donde la veía. Su labor caritativa, su compromiso con la educación y su fuerte carácter moral llevaron a este héroe a la grandeza.

Vida temprana

Desmond Tutu nació en Klerksdorp el 7 de octubre de 1931. Su padre, Zachariah, se educó en una escuela misionera y fue director en el Transvaal Occidental, lo que hoy es la provincia del Noroeste de Sudáfrica. Su madre, Aletha Mohlare, trabajaba en la limpieza. Era uno de cuatro hermanos.

Cuando Tutu tenía ocho años, su padre fue trasladado a enseñar a una escuela multirracial para alumnos africanos, indios y de color en Ventersdorp. Fue entonces cuando Tutu empezó a asistir a la Iglesia Metódica Episcopal Africana con su hermana. Su padre fue trasladado de nuevo, esta vez a Roodpeoort, donde la familia vivía en una choza.

En 1943, la familia se vio obligada a abandonar su hogar debido a las leyes del apartheid. Se instalaron en Munsieville, un municipio destinado a los negros en Krugersdorp. Tutu desarrolló un espíritu emprendedor. Sus pies descalzos lanzaban nubes de polvo al aire mientras recorrían las calles hasta llegar al almacén mayorista donde podía comprar naranjas para venderlas con beneficio. También iba de puerta en puerta, llamando incansablemente para promocionar el servicio de lavandería de su madre, donde recogían, lavaban y entregaban ropa. Tutu vendía cacahuetes y más tarde se convertiría en caddy a cambio de propinas en el campo de golf de Killarney.

En 1945 se matriculó en la Western High Government Secondary School. Durante su último año, fue devastado por un terrible caso de tuberculosis. La enfermedad mantuvo su espalda pegada a la cama de un hospital durante todo un año. Allí conoció al padre Trevor Huddleston, que animó aún más las inclinaciones espirituales de Tutu. Huddleston llevaba libros a Tutu con regularidad y acabó aceptándole como servidor en la parroquia de Munsieville.

La estrecha relación de Tutu con el padre Huddleston le llevó a conocer al pastor Makhene y al padre Sekgaphane, que fueron decisivos para admitirle en la Iglesia Anglicana, donde desarrollaría su carrera como clérigo. En 1950, Tutu se matriculó a pesar de llevar un enorme retraso en los estudios debido a su enfermedad. Fue admitido en la Facultad de Medicina de Witwatersrand, pero no pudo asistir por motivos económicos.

Tutu optó por seguir a su padre en la enseñanza. Obtuvo su título en el Bantu Normal College y se licenció en Filosofía y Letras en la Universidad de Sudáfrica. El héroe de la lucha, Robert Sobukwe, líder del Congreso Panafricanista (o PAC), ayudó a Tutu en sus estudios.

Discriminación y evolución espiritual

¿Cómo se puede conciliar la religión con la opresión? Los clérigos apoyaban desde el púlpito las leyes del apartheid. Muchas iglesias celebraban misas separadas por razas. Los supremacistas blancos creían que los negros no podían redimirse porque eran demoníacos o más animales que humanos.

Se consideraba que los negros estaban tan contaminados racialmente que no podían tener una iglesia con blancos para adorar al mismo Dios que creó a todos. Mirar a la cara a personas supuestamente temerosas de Dios mientras mantienen estas actitudes racistas puede desanimar a alguien o darle la motivación para transformar la sociedad.

El corazón de Desmond Tutu estuvo orientado al servicio del Señor desde muy joven. Su padre, educado en misiones, y su devota madre le inculcaron valores cristianos desde que tenía uso de razón. Sus profundas creencias y el impulso de su padre por la educación impulsaron a Tutu a estudiar los entresijos de su fe. Cuando empezó a dar clases en el instituto de Munsieville, en 1955, ya pensaba en hacerse sacerdote. Ese mismo año se casó con Nomalizo Leah Shenxane, una de las alumnas favoritas de su padre.

Fue también entonces cuando las injusticias del apartheid se hicieron más evidentes para el futuro arzobispo. En 1953 se promulgó la Ley de Educación Bantú. En ella se establecía que la educación impartida a los negros sería de menor calidad que la que se daba a sus homólogos blancos. Con ello se pretendía preparar a la población para los roles racializados que el gobierno discriminatorio había esculpido. Tras quedarse tres años para terminar de enseñar a los alumnos que ya había asumido, Tutu abandonó la profesión en señal de protesta.

La atracción hacia el servicio religioso se hizo más fuerte. En 1958, fue nombrado subdiácono en Krugersdorp. Después se matriculó en el Colegio Teológico de San Pedro, en Rossentenville, dirigido por los Padres de la Comunidad de la Resurrección. La pasión de Tutu por su fe le permitió prosperar. Fue un alumno aventajado, obteniendo la Licenciatura en Teología con dos distinciones.

Con su compasión, amor, caridad y dotes organizativas, ascendió de diácono a arzobispo. A lo largo de su trayectoria, Tutu se enfrentó constantemente al reto de alinear su activismo con su fe. Como hombre moralmente íntegro, su juicio fue siempre justo, condenando o alabando por igual a todas las partes de un desacuerdo. Tutu nunca dejó que la lealtad o las amistades hicieran tambalear sus valores. Se pronunciaba en contra de los suyos si creía que estaban equivocados.

Desafíos con la Iglesia y el Gobierno

Cuando Desmond Tutu empezó a dar conferencias en la Universidad de Botsuana, Lesoto y Suazilandia, situada en Lesoto, conoció la Teología Negra. Esta idea afirma que la cultura dominante ha corrompido el cristianismo para ponerlo al servicio de sus agendas. La Teología Negra plantea la pregunta fundamental en el centro del cristianismo: ¿de parte de quién está Dios bíblicamente: de los *opresores* o de los *oprimidos*? A través de las enseñanzas de la Teología Negra, Tutu encontró una forma de casar su fe y su activismo utilizando la moral para criticar los sistemas opresivos.

Con este nuevo prisma de justicia social, Tutu regresó a Inglaterra en 1971. El Dr. Walter Carson, Director en funciones del Fondo de Educación Teológica, invitó a Tutu a formar parte de una lista de preseleccionados para el puesto de Director Asociado para África. Esto le permitió viajar a muchas naciones desfavorecidas de todo el mundo. A Tutu le hacía especial ilusión viajar a naciones africanas.

Tras seis meses de viaje, regresó a Sudáfrica en 1975 para asumir el cargo de primer deán anglicano negro de Johannesburgo y convertirse en rector de la catedral de Santa María. En ese momento, la lucha contra el régimen del apartheid se intensificaba, y la violencia y la tiranía se disparaban en el país.

Durante el apogeo de la inestabilidad sudafricana en la década de 1980, Desmond Tutu se convirtió en arzobispo de Ciudad del Cabo[20]

El 16 de junio de 1976 estalló el levantamiento de Soweto. El suelo del municipio tembló cuando los estudiantes tomaron las calles en protesta por ser obligados a aprender en afrikaans, que consideraban la lengua del opresor. La policía disparó munición real contra la multitud de niños, matando a muchos de los jóvenes presentes. La educación era un tema muy importante para Desmond Tutu, que se preocupaba mucho por los niños sudafricanos. La noticia del levantamiento apenó y aturdió al líder religioso.

En su dolor, creó el Comité de Crisis de Padres de Soweto, que se puso en marcha para proteger y elevar a los jóvenes. En 1976, Desmond Tutu escribió una carta abierta al Primer Ministro John Vorster. En ella, Tutu recuerda a Vorster la lucha a la que se enfrentó el pueblo afrikaans para hacer crecer su nación de poder en Sudáfrica. A continuación, compara su lucha con las dificultades a las que se enfrentaban los negros en el país. Utilizó esta comparación para pedir una solución pacífica para la liberación de los negros, advirtiendo que en cualquier momento podían surgir protestas violentas. El gobierno del apartheid respondió tachando la carta de propaganda.

En plena inestabilidad sudafricana, en la década de 1980, Desmond Tutu se convirtió en arzobispo de Ciudad del Cabo. Fue el primer líder negro de una provincia sudafricana de la Iglesia Anglicana. 10.000

personas se reunieron para la Eucaristía en su honor. Aunque se había acostumbrado a ello, las críticas a sus opiniones seguían circulando en los principales medios de comunicación. Múltiples Jefes de Estado le felicitaron, y el presidente del ANC, Oliver Tambo, le envió su enhorabuena desde el exilio.

El púlpito del cambio

La carrera sacerdotal de activismo de Desmond Tutu durante el apartheid se centró en cuatro principios fundamentales. En primer lugar, quería la igualdad de derechos para todos los ciudadanos del país. Segundo, quería la abolición de las leyes de pase. En tercer lugar, quería el mismo nivel de educación para todos los sudafricanos, independientemente de su raza. Por último, quería que se pusiera fin al sistema de reubicación forzosa.

La corriente dominante blanca criticaba constantemente a Desmond Tutu. Según ellos, como hombre de Dios, no debía agitar la olla política. Sin embargo, utilizó el púlpito para su activismo porque coincidía con su forma de entender las enseñanzas de Cristo. En 1983, la maquinaria militar del gobierno del apartheid despertó al barrio de Mogopa con luces brillantes a través de las ventanas de las habitaciones. El vecindario fue desplazado a la tierra natal de Bophuthatswan.

Al enterarse de la destrucción, Tutu reunió a líderes eclesiásticos y sacerdotes, entre ellos el Dr. Allan Boesak. Hicieron una vigilia en el terreno durante toda la noche y condenaron las acciones del gobierno. Tutu apeló a los valores cristianos de la conservadora población afrikáner para denunciar las atrocidades del apartheid.

Equilibraba sus críticas al gobierno con elogios. Por ejemplo, cuando el Ministro de Policía, Louis le Grange, permitió a los presos políticos continuar su educación entre rejas, Tutu le felicitó. Tratando de mantener la paz, Tutu explicó que encerrar a los manifestantes políticos aumentaba las posibilidades de que se produjeran disturbios y revueltas violentas. Su comprensión del amor cristiano nunca permitió que la amargura creciera en el corazón del clérigo. Se comprometió a denunciar el pecado dondequiera que lo viera y a soplar vientos de progreso con palabras honestas.

Desmond Tutu imaginó con idealismo un futuro brillante para la población negra de Sudáfrica. Una lluvia de críticas volvió a caer sobre Tutu cuando afirmó que habría un primer ministro negro dentro de diez años. La población blanca conservadora condenó sus comentarios por escandalosos e ilógicos.

Para avanzar hacia la inclusión racial, el gobierno del apartheid propuso un colegio electoral que incluiría a los indios y a las *personas de color*, pero seguiría excluyendo a los negros africanos, que se encontraban en la parte inferior de la escala racial. Desmond Tutu se opuso enérgicamente, recabando el apoyo de todos los grupos raciales para condenar el colegio electoral.

Su labor educativa nunca cesó. Seguía siendo miembro del Comité de Crisis de Padres de Soweto, que ayudó a fundar. En 1985, en una conferencia en la Universidad de Witwatersrand, Tutu advirtió que la falta de educación entre los jóvenes era preocupante. Afirmó que la juventud sin educación daría lugar a un movimiento de liberación que no estaría preparado para ocupar puestos de poder una vez finalizado el apartheid.

Movilizar a los líderes eclesiásticos se convirtió rápidamente en la especialidad de Desmond Tutu. Tutu marchó con otros clérigos para liberar al ministro John Thorne, que había hablado en contra del apartheid. Tutu y los demás sacerdotes fueron detenidos en virtud de la Ley de Asambleas Revoltosas. Esta campaña puso en peligro su vida.

Tutu fue atacado desde todos los ángulos con amenazas de bomba, amenazas de muerte y daños a su reputación. Su persistencia le llevó a reunirse con el Primer Ministro PW Botha y su delegación. Era la primera vez que una persona negra ajena al sistema político se reunía con dirigentes sudafricanos blancos. Sin embargo, no se logró ningún avance en estas conversaciones. Por su constante lucha por la paz contra el régimen opresor, Tutu recibió el Premio Nobel de la Paz en 1984. Sus constantes viajes le convirtieron en un icono mundial que atrajo la atención del mundo hacia presos políticos como Nelson Mandela.

Tutu no temía unirse a quienes tenían objetivos políticos comunes. En 1983, se unió a una coalición de grupos de la Conciencia Negra, incluido el PAC, para lanzar el Foro Nacional. Luego, en agosto de 1983, se convirtió en el patrón del Frente Democrático Unido (o UDF). Este grupo era un partido político opuesto al sistema discriminatorio de la época.

Como respetado hombre de familia, su esposa, Leah, caminó a su lado en todo momento. Sus contribuciones políticas complementaron las de su marido. Leah hizo campaña para mejorar las condiciones laborales de las trabajadoras domésticas. También ayudó a fundar la Asociación Sudafricana de Trabajadoras Domésticas.

Tutu nunca reservó su compasión o condena a un solo grupo. Aplicaba por igual sus normas morales a todas las situaciones. En Duduza, en 1985, Desmond Tutu colaboró con los obispos Simeon Nkoane y Kenneth Oram para impedir que asesinaran a un policía negro. Una multitud acusó al agente de ser un espía del gobierno y se empeñó en matarlo. Consiguieron salvarle la vida. Tutu utilizó entonces el púlpito de un funeral para condenar la violencia de todos los bandos, ya fuera la policía o la población.

Su compasión por la gente hizo que su enfoque fuera amplio. Con el tiempo, Tutu se centró en problemas sanitarios como la tuberculosis y el VIH en Sudáfrica. Creó la Fundación Desmond Tutu contra el VIH, que ayudó a financiar el New Somerset Hospital. La clínica pública fue uno de los primeros lugares en ofrecer terapia antirretrovírica.

Paz mundial y justicia social

El juicio imparcial y la naturaleza indulgente de Desmond Tutu le llevaron a presidir la Comisión de la Verdad y la Reconciliación (CVR). Este órgano se creó tras las primeras elecciones democráticas de 1994 para permitir a los autores de violaciones de los derechos humanos confesar sus crímenes y ser indultados. También se permitió a las víctimas contar sus historias. Esto se hizo para ayudar a curar las heridas del apartheid y facilitar el perdón, según las creencias cristianas de Tutu. Se retiró como arzobispo de Ciudad del Cabo y dedicó todos sus esfuerzos a la CVR. Más tarde, recibió el título de arzobispo emérito.

Sus esfuerzos por la paz no se detuvieron en las fronteras sudafricanas. Tras haber tenido la oportunidad de viajar por todo el mundo, Desmond Tutu tenía una mentalidad global. Durante la época del apartheid, tendió puentes continentales dando las gracias a los dirigentes de Zimbabue, Lesoto, Botsuana y Mozambique por acoger refugiados. También les pidió que se abstuvieran de ahuyentar a los sudafricanos necesitados.

Su compromiso con la paz le llevó a crear el Centro Desmond Tutu para la Paz, o DTPC, que cofundó con su esposa, Leah Tutu. La organización se dedicó a aprovechar la influencia que el arzobispo tenía para la paz mundial. Tutu se centró en hablar contra la injusticia en todas sus formas, afirmando: *"Si eres neutral en situaciones de injusticia, has elegido el lado del opresor".*

Una de sus posturas internacionales más populares fue su posición sobre el conflicto entre Israel y Palestina. Suplicó al gobierno israelí que dejara de bombardear Beirut y apeló al líder palestino Yaser Arafat para que fuera más razonable en sus expectativas sobre Israel y su derecho a existir como Estado-nación.

Tutu condenó el trato dado a los presos de Guantánamo durante la Guerra contra el Terrorismo. Se unió al pueblo birmano para denunciar las violaciones de los derechos humanos en el país. También exigió la liberación de la líder de la oposición birmana, Aung San Suu Kyi. Sin dejar de ser justo y honesto, criticó a Suu Kyi por su silencio sobre el genocidio de los musulmanes rohingya en Myanmar. Tutu también condenaría al gobierno del ANC, que en su día defendió por sus defectos, y compararía al gobierno zimbabuense de Robert Mugabe con el régimen del apartheid.

El legado de Tutu

Desmond Tutu falleció en 2021 a los 80 años. Trabajó por la paz mundial hasta su último aliento. Su legado perdura en quienes se mantienen pacíficamente firmes y abogan con valentía y sin violencia. El activismo del arzobispo se basó en la defensa de valores sólidos y en su aplicación uniforme. Veía a todas las personas como una sola y quería lo mejor para todos a través del amor que promovía su fe cristiana. Desmond Tutu sigue vivo como símbolo de perdón, paz y unidad.

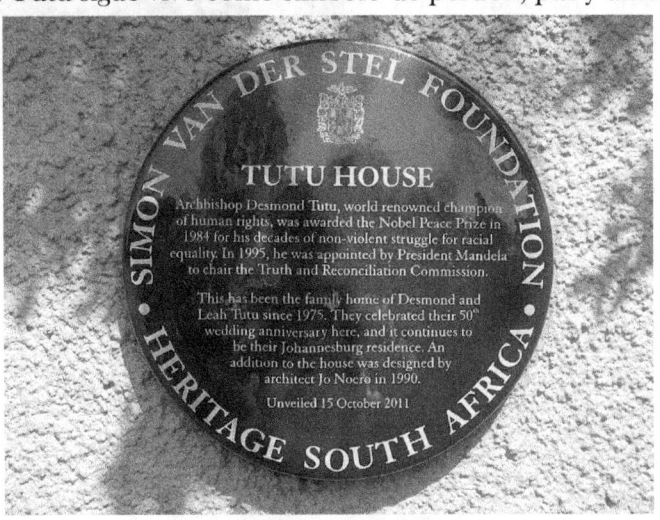

Placa en honor a Desmond Tutu [21]

Capítulo 8: Campos de libertad: El genio agrícola de George Washington Carver

George Washington Carver fue un niño nacido en la esclavitud. Tras la Guerra Civil, se convirtió en una figura destacada de la comunidad científica. Hizo historia como el primer hombre negro en obtener un título de posgrado en agricultura.

Los conocimientos botánicos de Carver gozaron de amplio reconocimiento. Ganó fama por su trabajo pionero con el cacahuete y otras plantas, que condujo al desarrollo de productos innovadores derivados de ellas.

George Washington Carver [22]

Además de sus intereses científicos, Carver era un educador apasionado. Compartió sus conocimientos con estudiantes y agricultores por igual. A pesar de sus importantes logros, siguió siendo extraordinariamente humilde. Le ofrecieron mucho dinero por sus descubrimientos, pero decidió no aceptarlo.

Vida temprana

La historia de George Carver comienza en Misuri, donde nació como esclavo hacia 1864, durante la Guerra Civil. Se desconoce la fecha exacta de su nacimiento. Su madre, Mary, también era esclava en la granja de Moses y Susan Carver. Mientras tanto, el padre de George, también esclavo en otra granja, murió trágicamente en un accidente de carreta poco antes del nacimiento de George. George tenía dos hermanas mayores y un hermano, Jim, pero lamentablemente nunca llegó a conocer a sus hermanas.

Una noche, cuando George era sólo un bebé que sufría una fuerte tos, sus vidas dieron un giro dramático. Unos asaltantes de esclavos irrumpieron en su casa y se llevaron por la fuerza a Mary, George y una de sus hermanas, con la intención de venderlos a otros propietarios de esclavos. A pesar de las exhaustivas búsquedas, los Carver sólo pudieron encontrar y traer de vuelta a casa a George; Mary y su hermana permanecieron perdidas.

Al quedarse huérfanos a una edad temprana, George y Jim encontraron una familia con Moses y Susan Carver, a quienes se referían cariñosamente como tía y tío. Moses y Susan, inmigrantes procedentes de Alemania que se habían establecido en Misuri para fundar una granja, proporcionaron a los chicos un entorno enriquecedor, siempre alentaron la sed de conocimiento de George y los trataron como si fueran suyos.

Debido a sus problemas de salud, George no podía ayudar en el campo como Jim. En cambio, ayudaba en casa y, sobre todo, en el jardín, donde se sentía más a gusto. El profundo amor de George por la naturaleza floreció durante su infancia. Pasaba innumerables horas al aire libre y se dedicó a estudiar las plantas, y fue entonces cuando desarrolló una comprensión intuitiva de sus necesidades y complejidades. Plantó su propio jardín en el bosque, donde cuidaba de las plantas enfermas. Se corrió la voz del notable talento de George, lo que le valió el apodo de "Doctor de Plantas". Orgulloso de este reconocimiento, George siguió persiguiendo su pasión por la botánica a pesar de enfrentarse a la discriminación racial cuando buscaba oportunidades educativas. Incluso después de la abolición de la esclavitud, George encontró numerosos obstáculos debido al color de su piel y luchó por ser admitido en la universidad.

Estudios escolares y universitarios

George estaba ansioso por aprender, incluso a una edad temprana. A los once años pidió ir a la escuela, hambriento de más conocimientos que los que la tía Susan le había enseñado en casa. Por desgracia, la escuela cercana de Diamond era sólo para niños blancos, por lo que George no tuvo más remedio que trasladarse a Neosho, a ocho millas de distancia, donde había una escuela para niños negros.

Hizo las maletas y se despidió de Moses, Susan y Jim. A pesar de la incertidumbre sobre dónde viviría, George se centró únicamente en su educación. La suerte le sonrió cuando conoció a Mariah y Andrew Watkins en Neosho. Amablemente ofrecieron a George un lugar donde quedarse mientras asistía a la escuela, pidiendo sólo ayuda con las tareas a cambio de alojamiento y comida.

George se sumergió en sus estudios y trabajó duro tanto en la escuela como en casa, a menudo leyendo hasta altas horas de la noche después de terminar sus tareas. Al cabo de cuatro años, había dominado todo lo que su escuela podía ofrecerle, y George supo que había llegado el momento de pasar a un entorno más exigente.

Se despide de los Watkins y se traslada a Kansas para continuar sus estudios. Allí realizó varios trabajos esporádicos mientras estudiaba y se formaba leyendo literatura. Durante sus años de instituto en Kansas adoptó el segundo nombre de "Washington" en honor al primer presidente de los Estados Unidos.

Después del instituto, fue aceptado en el Highland College de Kansas, pero se le denegó la admisión a su llegada debido a su raza. Sin embargo, esto sólo truncó temporalmente sus sueños. George no se desanimó ni siquiera después de esto y continuó sus estudios de forma independiente mientras gestionaba su propia granja, pero pronto se dio cuenta de que su verdadera vocación estaba en otra parte. Así que volvió a solicitar el ingreso en la universidad y fue admitido en el Simpson College de Iowa, donde su raza importaba poco en comparación con sus aptitudes académicas.

Tras graduarse en el Iowa Agricultural College en 1894, George se convirtió en el primer afroamericano en enseñar en lo que más tarde se convertiría en la Universidad Estatal de Iowa. Sin embargo, su vida dio un giro significativo cuando Booker T. Washington le ofreció un puesto de profesor en el Instituto Tuskegee en abril de 1896, lo que encendió la pasión de George por ayudar a los agricultores y revolucionar las prácticas agrícolas para los afroamericanos.

Instituto Tuskegee

Un día, Booker T. Washington, un conocido líder afroamericano, hizo una visita a George Carver. Tenía una importante propuesta: ingresar en el Instituto Tuskegee, una escuela dedicada a educar a los afroamericanos. Aunque el puesto no le reportaría mucho dinero, ofrecía a George la oportunidad de compartir con otros sus conocimientos sobre agricultura y plantas.

El viaje de George Carver desde los exuberantes campos de Iowa a las plantaciones de algodón del Sur estuvo marcado por una dura toma de conciencia de la realidad de la región. Cuando miraba por la ventanilla del tren, veía campos de algodón ralos, hortalizas solitarias y tierras agotadas.

Antes de la guerra civil, el algodón era el rey en el Sur, impulsado por la mano de obra esclava y la invención de la desmotadora de algodón. Esto condujo a un ciclo interminable de producción de algodón, con plantaciones que dependían de grandes cantidades de esclavos para satisfacer la demanda. A pesar del final de la guerra y la abolición de la esclavitud, la "cultura del algodón" persistió.

El Consejo de la Facultad de Tuskegee con George Washington y Booker T. Washington[28]

Al llegar a Tuskegee, Alabama, Carver vio una tierra y una gente necesitadas. Su misión se hizo evidente: enseñar a los agricultores negros a rejuvenecer el suelo, cultivar mejor y mejorar sus vidas. Al bajar del tren, se dio cuenta de que él era el forastero: un norteño educado en una comunidad racialmente dividida.

A pesar de los juicios y los prejuicios, Carver seguía decidido a marcar la diferencia. Desafiaría las expectativas, utilizando sus conocimientos y su pasión para elevar a quienes le rodeaban.

Problemas en Tuskegee

George Carver tenía grandes responsabilidades en Tuskegee. En 1896, estaba a cargo del departamento de agricultura, que entonces sólo tenía 13 estudiantes. Pero pronto, tuvo una larga lista de otros trabajos. Tenía que administrar dos granjas, un huerto, colmenas y un establo lechero. Además, tenía que cuidar de los animales como veterinario, mantener en buen estado el recinto de la escuela y supervisar los aseos para evitar enfermedades.

Todos los días estaban repletos para Carver. Se levantaba a las 4 de la mañana para dar un paseo por la naturaleza, una rutina que le refrescaba. Después desayunaba con los alumnos y empezaba a dar clases. Su horario era apretado, pasando de la enseñanza de la agricultura al arte y a las clases para agricultores. Por la tarde, revisaba otras clases, probaba semillas, controlaba animales de granja e incluso inspeccionaba vacas. Por la noche se dedicaba a responder cartas y memorandos del director Washington.

A pesar de su apretada agenda, Carver se quejaba de algunas cosas. Consideraba que Washington le controlaba demasiado. Quería tener más control sobre las decisiones relativas a los animales y los cultivos, pero no se lo permitían. Escribió largas cartas a Washington pidiéndole más libertad para hacer lo que sabía que era correcto.

En Tuskegee, los estudiantes aprendían habilidades prácticas. Fabricaban ropa y muebles e incluso ayudaban a construir dormitorios y aulas. Los primeros equipos de laboratorio de Carver se recuperaban del vertedero porque Washington no quería comprarlos nuevos. Carver convirtió este hecho en una lección para sus alumnos de química, enseñándoles a ver el potencial de los objetos desechados.

Enseñar era algo natural para Carver. Utilizaba un lenguaje sencillo y actividades prácticas para ayudar a sus alumnos a comprender. También los llevaba al aire libre a observar la naturaleza porque creía que la educación también debía tener lugar fuera del aula. Carver no vestía ni enseñaba como un profesor al uso, pero sus métodos funcionaban. Animaba a sus alumnos a pensar por sí mismos y a explorar su curiosidad.

El estilo de enseñanza de Carver reflejaba su creencia de que todo en la naturaleza está conectado. Pensaba que era esencial comprender cómo interactuaban las plantas, los animales y el medio ambiente. Por eso, en sus clases de botánica no se limitaba a las plantas. Incluía fragmentos de historia, geografía, química, arte e incluso poesía. Con el tiempo, amplió los cursos para incluir la nutrición animal, los estudios meteorológicos y el estudio de las bacterias. Carver sabía que la agricultura requería muchos conocimientos e inteligencia.

A diferencia de otras universidades donde las clases de agricultura eran mayoritariamente para hombres, Tuskegee acogió a mujeres. Aprendieron diversos oficios, como jardinería, cría de aves de corral, cultivo de frutas, cuidado de animales lecheros y apicultura. Carver era estricto en su enseñanza, pero sus alumnos le adoraban. A pesar de su inusual voz, era su amabilidad y su pasión por la materia lo que le hacía popular entre los alumnos. Siempre tenía tiempo para ofrecer ánimos o consejos, lo que le hacía destacar como profesor.

Incluso los estudiantes que no asistían a las clases de Carver buscaban su compañía. Se sentían atraídos por su sabiduría y su curiosidad por el mundo. Carver animaba a sus alumnos a observar y apreciar la belleza que les rodeaba. Creía que comprender la naturaleza era esencial, y compartía este mensaje no sólo en sus clases, sino también en estudios bíblicos y programas de naturaleza para niños.

Estación Experimental Agrícola

En 1897, sólo cuatro meses después de llegar a Tuskegee, Carver recibió otra responsabilidad: supervisar la nueva estación experimental agrícola. A pesar de su apretada agenda, Carver estaba encantado. Vio en ello una oportunidad para llevar a cabo investigaciones que pudieran beneficiar a la comunidad local. A diferencia de otros centros de investigación que se centraban en soluciones de alta tecnología, Carver insistió en utilizar herramientas básicas que los agricultores arrendatarios pudieran permitirse, como una azada, una pala o un arado tirado por mulas. Quería que todas las operaciones de la estación de Tuskegee fueran accesibles para el agricultor medio, ayudando a aquellos con recursos limitados a mejorar sus prácticas agrícolas.

Equipo de laboratorio de Carver[24]

Carver se enfrentó a un reto importante cuando estableció la estación experimental en 10 acres de tierra pobre y erosionada, agotada por décadas de cultivo de algodón. Lo vio como una oportunidad para demostrar métodos de cultivo adecuados. La primera tarea fue mejorar el suelo, que era arenoso, con grava y propenso a la erosión debido a años de abandono.

Carver creía que el estado de la tierra reflejaba el bienestar económico, espiritual e intelectual de las personas que la trabajaban. Consideraba que cuidar la tierra era un deber moral. Aunque recomendaba el uso de fertilizantes comerciales, Carver sabía que la mayoría de los aparceros negros no podían permitírselos. En su lugar, abogaba por el uso de materiales orgánicos como copas de pino, heno, corteza y viejos tallos de algodón para enriquecer el suelo. Animaba a sus alumnos a rellenar los barrancos erosionados con materia orgánica, promoviendo así la salud y la fertilidad del suelo.

Al comprender las necesidades nutricionales de las plantas, Carver destacó la importancia del nitrógeno, el fósforo y el potasio en la fertilidad del suelo. Creó una pila de compost en el campus, donde se recogían los residuos orgánicos de la cocina y el jardín y se convertían en abono rico en nutrientes. Además, Carver abogaba por el consumo de verduras silvestres, que proporcionaban tanto alimento como medicina. Se inspiró en su experiencia infantil de comer malas hierbas y animó a los agricultores a recoger bellotas para alimentar a los animales o producir harina.

El planteamiento de Carver sobre la mejora del suelo y la nutrición de las plantas se basaba en el sentido práctico y la sostenibilidad. Creía que había que trabajar con la naturaleza y no contra ella, utilizando los recursos disponibles para mejorar la fertilidad del suelo y fomentar la productividad agrícola. Con su labor en la estación experimental, Carver pretendía dotar a los agricultores de los conocimientos y técnicas necesarios para revitalizar sus tierras y mejorar sus medios de vida.

A pesar del predominio del algodón en el Sur, el director Washington instó a Carver a seguir estudiándolo. Sin embargo, Carver también exploró otros cultivos, como los caupís, el trébol y la soja, que enriquecían el suelo y servían de valioso alimento para el ganado. Entre ellos, los caupís destacaban por su versatilidad, ya que se utilizaban no sólo como abono verde, sino también como ingrediente nutritivo en diversos platos como sopas y guisos.

Además de los caupís, Carver se adentró en el estudio de los cacahuetes y los boniatos. Su interés por los boniatos duró varios años, durante los cuales examinó su valor nutritivo y los métodos óptimos de cultivo. Esta investigación fue pionera, ya que la comprensión de la nutrición estaba aún en pañales a principios del siglo XX. Los experimentos de Carver revelaron valiosos conocimientos, como el alto contenido proteínico de las vides de boniato, que él propugnaba para alimentar al ganado con el fin de potenciar el desarrollo muscular.

A pesar de la pérdida de muchas de sus notas de investigación, los hallazgos de Carver estaban ampliamente documentados en boletines de fácil lectura, que proporcionaban una valiosa información sobre las condiciones y los resultados de sus experimentos. Dedicó una parte significativa de sus publicaciones a la batata, subrayando su importancia en sus esfuerzos de investigación agrícola. A través de sus estudios y publicaciones, Carver contribuyó significativamente a la comprensión y utilización de diversos cultivos, en particular el boniato, en las prácticas agrícolas.

La dedicación de Carver a la promoción de la innovación agrícola se extendió más allá de la investigación a las aplicaciones prácticas y la educación. Reconocía la importancia del uso doméstico de los productos agrícolas e incluía recetas en sus boletines, haciendo hincapié en la importancia de utilizar los productos agrícolas de forma inteligente y económica. Algunas recetas eran creaciones suyas, mientras que otras procedían de diversos lugares. Para probar estas recetas, solicitó la ayuda de la Sra. Wolcott y sus hijas, que le proporcionaron valiosos comentarios y ajustes.

Además, Carver buscó activamente la creación de nuevos mercados para cultivos como el cacahuete, consciente de que no bastaba con animar a los agricultores a cultivar nuevas plantas sin la correspondiente demanda. Creía en el potencial sin explotar de cada planta y exploraba incansablemente usos innovadores para ellas.

Además, Carver abogó por los productos cultivados localmente como medio para mejorar la nutrición y la sostenibilidad económica. Animó a los agricultores a diversificar sus cultivos más allá del algodón, instándoles a cultivar huertos y criar ganado junto a sus cultivos principales.

El espíritu innovador de Carver le llevó a explorar diversos productos derivados del cacahuete, utilizando todas las partes de la planta para fines que iban desde la loción facial y el jabón hasta los tintes y el caucho. Sus experimentos de laboratorio demostraron el enorme potencial de los productos agrícolas más allá de sus usos tradicionales.

Además, Carver estaba comprometido con la difusión de conocimientos agrícolas entre los granjeros. Ampliando las iniciativas de Washington, organizó institutos agrícolas mensuales en los que ofrecía consejos prácticos y demostraciones de técnicas agrícolas. A pesar de las dificultades para llegar a las comunidades rurales, los esfuerzos de Carver por relacionarse directamente con la gente mediante demostraciones los fines de semana y la creación de una escuela móvil conocida como el Vagón Jesup ayudaron a difundir los conocimientos agrícolas por todas partes.

En última instancia, la incansable dedicación de Carver a la investigación agrícola, la educación y la divulgación dejó un impacto duradero, no sólo en el paisaje agrícola, sino también en las vidas de innumerables agricultores y comunidades. Su legado sigue inspirando hoy en día la innovación y la sostenibilidad en la agricultura.

Espíritu creativo

La curiosidad y creatividad de Carver se extendieron a la creación de pinturas a partir de la arcilla. Desde su infancia en la granja Carver, había estado experimentando con pigmentos naturales, extrayendo colores de bayas y frutos secos. Un día, mientras inspeccionaba las vacas, se fijó en la arcilla que tenía bajo los pies y decidió investigar más a fondo. Llevó muestras a su laboratorio, hirvió y coló la arcilla, desarrollando una pintura barata para los granjeros locales. El suelo del condado de Macon ofrecía una amplia gama de colores, desde el blanco al amarillo, pasando por el rojo, lo que permitía diversas combinaciones de pintura. Añadiendo azulante a la arcilla blanca, Carver creó incluso un azul real que recordaba a la pintura del antiguo Egipto. Esperaba que estas pinturas realzaran el entorno del granjero, haciéndolo más sano, alegre y bello.

Carver expuso sus muestras de pintura en ferias y conferencias, despertando el interés de varias empresas de pinturas. A pesar de ello, no le entusiasmaba la idea de comercializar sus fórmulas, pues ya estaba inmerso en otros proyectos o preparándose para dar conferencias. Las conferencias de Carver se convirtieron en populares formas de entretenimiento, atrayendo invitaciones de diversos lugares. Aunque las descripciones de los periódicos podían transmitir la variedad de tintes y pinturas para madera que desarrollaba, ver de primera mano el vibrante azul real cautivaba al público. Carver dedicó semanas a crear exposiciones interactivas y a proporcionar instrucciones claras para que otros pudieran reproducir sus métodos.

A pesar del escepticismo de algunos miembros del instituto, las ideas innovadoras de Carver encontraron un público receptivo. Aparte del director Washington, nadie dio más conferencias fuera del campus que Carver, lo que contribuyó a difundir sus ideas y conocimientos.

Más responsabilidades

El 14 de noviembre de 1915, Booker T. Washington falleció, dejando a George Washington Carver con una mezcla de recuerdos, incluidos los remordimientos por los desacuerdos que tuvieron. A pesar de sus diferencias, Carver respetaba profundamente el compromiso de Washington de elevar a la gente a través de la educación. Cuando Robert Russa Moton asumió el cargo de director de Tuskegee, Carver encontró más libertad en sus investigaciones. Moton reconoció la creciente fama de Carver y redujo su carga docente, animándole a dar más conferencias.

A medida que la influencia de Carver se expandía nacional e internacionalmente, recibía invitaciones de diversas organizaciones, incluidas las tradicionalmente blancas. Cada discurso requería una planificación meticulosa debido a las dificultades de viajar siendo un hombre negro en el Sur racialmente segregado. A pesar de la discriminación y de que a menudo se le subestimaba por su aspecto, Carver se mantuvo fiel a sí mismo, prefiriendo su ropa cómoda y vieja a los atuendos más modernos sugeridos por la universidad.

La Primera Guerra Mundial supuso nuevos retos y oportunidades para Carver. Estados Unidos se enfrentaba a la escasez de suministros vitales debido a la interrupción de las rutas comerciales, por lo que la experiencia de Carver resultó inestimable. Contribuyó a los esfuerzos de conservación en tiempos de guerra explorando alternativas a los productos importados, como sustitutos del caucho a partir de boniatos y pigmentos de arcilla. Las innovadoras técnicas de Carver para hacer pan con harina de trigo y boniato llamaron la atención de los funcionarios del gobierno y le granjearon respeto y reconocimiento.

En una época de dificultades económicas, Carver hizo hincapié en la importancia de la conservación y el ingenio. Enseñó a las comunidades a reutilizar los materiales de desecho y a conservar los alimentos mediante el enlatado, el encurtido y el secado. El mensaje de Carver sobre la abundancia en la frugalidad resonó en muchos durante los años de la guerra, destacando el potencial sin explotar de los recursos cotidianos.

Las contribuciones de Carver fueron ampliamente reconocidas. Henry Ford lo aclamó como el mayor científico vivo del mundo, y la revista Life lo nombró uno de los grandes científicos de Estados Unidos.

Cuando Carver falleció en 1943, el Presidente Franklin D. Roosevelt lamentó la pérdida, reconociendo las inmensas contribuciones de Carver a la ciencia y la agricultura. El legado de Carver perdura a través de sus numerosas publicaciones, su trabajo con los agricultores y sus colaboraciones con líderes de la industria como Henry Ford.

La generosidad de Carver se extendió incluso después de su muerte. Creó la Fundación George Washington Carver y dejó una parte importante de sus ahorros al Instituto Tuskegee, garantizando así que su misión de hacer avanzar el conocimiento sobre las plantas siguiera beneficiando a las generaciones futuras.

Capítulo 9: La voz del cambio: El sueño de igualdad de Martin Luther King Jr.

La historia está llena de muchos personajes influyentes, pero sólo unos pocos han tenido un impacto tan poderoso como el Dr. Martin Luther King. Nació en una época difícil, ya que los afroamericanos habían llegado a su límite. Estaban frustrados y furiosos, listos para estallar como un volcán, destruyendo todo a su paso.

Martin Luther King veía que su pueblo ya estaba harto. Creía que la violencia sólo traería más violencia, y esperaba un enfoque pacífico. Mostró al mundo que los oprimidos podían exigir sus derechos y su libertad sin derramar una gota de sangre. Su actitud pacífica le convirtió en un modelo a seguir y en un héroe, y la gente seguirá contando su historia durante siglos.

Martin Luther King[95]

Este capítulo te lleva de viaje al pasado, donde conocerás a un legendario héroe afroamericano y serás testigo de la forma en hizo historia.

Clima social y político

King nació el 15 de enero de 1929. De eso hace ya mucho tiempo, por lo que es fácil imaginar que la vida era diferente en esa época. Aunque la gente vestía y hablaba de forma diferente, y la tecnología no estaba tan extendida como ahora, el clima político era bastante similar. Los activistas de los derechos civiles eran acusados de antipatriotas, antiamericanos o comunistas. Estas acusaciones se parecen a las que el movimiento Black Lives Matter afronta constantemente en el siglo XXI.

Los afroamericanos sufrían racismo, pobreza y ataques violentos. El panorama político era inestable, y sólo unos pocos intentaban cambiar las cosas para conseguir un futuro mejor. Los movimientos por la justicia social y los derechos civiles se extendían por todo el país y otros lugares del mundo, gritando a un mundo sordo que los negros tenían los mismos derechos.

Por otro lado, los grupos antidemocráticos y otras fuerzas estaban contentos con el statu quo y se resistían a cualquier cambio que amenazara sus opiniones ignorantes.

King quería superar la intolerancia y crear lo que él llamaba una "Comunidad Amada". Imaginaba un mundo sin pobreza, violencia, guerras ni racismo. Su visión inspiró a activistas por la paz y los derechos civiles que creían posible crear esa comunidad.

Estos grupos abogaban por erradicar los anticuados e ignorantes sistemas policiales, de encarcelamiento y de castigo que favorecían a los blancos. Reclamaban la igualdad de derechos en sanidad, educación y voto en las comunidades blancas con residentes negros.

Los negros no lucharon solos. Hubo algunos individuos blancos que se pusieron de su lado y dedicaron tiempo, dinero y recursos para llevar la igualdad a una sociedad rota.

Sin embargo, King no estaba satisfecho con el papel desempeñado por los aliados blancos, y dijo en varias ocasiones que estaba decepcionado, ya que esperaba más de ellos.

Llamaba a estos individuos "moderados blancos" y creía que eran los mayores obstáculos en el camino de la libertad. Les preocupaba más el orden que la justicia. Les acusó de desempeñar un papel pasivo, ya que no pedían la libertad. Sólo les importaba reducir la tensión entre blancos y negros para crear una "falsa paz". Querían que ambas partes parecieran llevarse bien sin conceder a los afroamericanos ninguno de sus derechos.

En 1964 y 1965, el gobierno aprobó la Ley de Derechos Civiles y la Ley de Derecho al Voto, respectivamente, pero no fueron ampliamente aceptadas. Los blancos las consideraban controvertidas y dieron lugar a décadas de protestas que los conservadores llamaban disturbios, mientras que el movimiento por los derechos civiles las denominaba revueltas. Ya fueran derechos o revueltas, King creía que eran "el lenguaje de los no escuchados". Provocaron una mayor división entre blancos y negros.

Aunque a menudo las cosas parecían sombrías, King era optimista. Creía que los negros tenían poder suficiente para hacer historia y crear una sociedad igualitaria. Habló de sus esperanzas en las cartas que escribió cuando estaba en la cárcel de Birmingham.

"Alcanzaremos el objetivo de la libertad en Birmingham y en toda la nación porque el objetivo de América es la libertad".

Vida temprana

King nació en Atlanta, Georgia, con el nombre de Michael Luther King Jr., hijo de Alberta Williams King y del pastor Michael Luther King Sr. Cuando Michael tenía cinco años, su padre visitó Alemania, donde conoció al líder de la Reforma Protestante Martín Lutero y su rica historia. Quedó muy impresionado por todo lo que Martin había conseguido y lo consideró un modelo a seguir. Cuando regresó a casa, cambió su nombre y el de su hijo por el de Martin.

King tenía un hermano menor, Alfred, y una hermana mayor, Willie. Él y sus hermanos crecieron en un hogar cariñoso con unos padres atentos y comprensivos. Martin padre era estricto, pero Alberta era dulce y amable.

En la comodidad de su hogar, King se sentía seguro con sus religiosos y honorables padres. Intentaron protegerlo a él y a sus hermanos del racismo, pero no pudieron mantenerlos encerrados en casa ni protegerlos de su fea realidad.

Martin padre influyó en el activismo y la lucha contra el racismo de su hijo. Era un hombre de Dios y creía que la segregación y el racismo eran un insulto a su fe. Luchó contra los prejuicios raciales y enseñó a sus hijos a tratar a todo el mundo con respeto. Les advirtió que no actuaran con superioridad hacia los menos afortunados que ellos. Estas lecciones tuvieron un gran impacto en King.

Sin embargo, King no compartía la opinión de sus padres sobre la religión. A menudo cuestionaba su fe y expresaba incomodidad al rezar y otros aspectos del culto.

King era un estudiante brillante y excepcional. Asistió al instituto Booker T. Washington y se saltó los cursos séptimo y noveno. En 1944, con sólo 15 años, se matriculó en el Morehouse College. Era muy popular, sobre todo entre las chicas.

Durante sus dos primeros años, King no estaba motivado y no tenía ningún interés en estudiar o asistir a sus clases. Sin embargo, las cosas cambiaron cuando empezó a mostrar interés por la política. A medida que crecía, King vio el impacto de la ignorancia y el racismo en la comunidad negra. Se dio cuenta de que no podía quedarse de brazos cruzados ante la injusticia. En el Morehouse College empezó a dar los primeros pasos hacia un futuro en el activismo social.

Dijo en su autobiografía: *"Podía imaginarme desempeñando un papel en la eliminación de las barreras legales a los derechos de los negros"*. Su propósito quedó claro. Para ayudar a los demás, podría haber sido médico o abogado. A su padre no le gustó su elección de carrera porque quería que siguiera sus pasos y los de su abuelo y se uniera al ministerio.

Sin embargo, en el penúltimo año cambió de opinión tras asistir a una clase de Biblia y renovar su fe. Decidió unirse a la iglesia, una decisión que agradó a su padre. En 1948, se ordenó en la Iglesia Bautista Ebenezer.

A los 19 años, King se licenció en Sociología por el Morehouse College. Después asistió al Seminario Teológico Crozer. Sobresalió en todas sus clases y fue el mejor alumno de su promoción. En 1951 se licenció en Teología y en 1955 obtuvo el doctorado en Teología Sistemática por la Universidad de Boston.

Influencias y resistencia no violenta

Durante su último año en el Morehouse College, King entabló una estrecha relación con su presidente, Benjamin E. Mays. Mays era un defensor de la igualdad y creía que la religión era el único poder que podía propiciar el cambio social. Sus opiniones influyeron en King, que consideraba a Mays un modelo a seguir.

La literatura también influyó en las opiniones de King y en su filosofía de la no violencia. Cuando estaba en Morehouse, leyó *Sobre el deber de la desobediencia civil*, un ensayo del filósofo estadounidense Henry David Thoreau. Este ensayo innovador, aunque controvertido, sostiene que la creencia de una persona en lo que es correcto es más importante que las leyes injustas del gobierno.

En 1963, King escribió una carta desde la cárcel de Birmingham que mostraba el impacto de las palabras de Thoreau en sus opiniones.

"Hay leyes justas y leyes injustas. Yo sería el primero en abogar por obedecer las leyes justas. Uno no sólo tiene la responsabilidad legal, sino también moral, de obedecer las leyes justas. A la inversa, uno tiene la responsabilidad moral de desobedecer las leyes injustas. Cualquier ley que eleve la personalidad humana es justa".

Lo más probable es que King se refiriera a las leyes de Jim Crow, que negaban a los afroamericanos el derecho a la educación, al trabajo y al voto. Los negros que infringían estas leyes eran detenidos, multados, encarcelados o asesinados.

King creía que era inmoral seguir leyes injustas y que había que tomar partido contra ellas. Llamó a la resistencia no violenta con protestas pacíficas, marchas y sentadas para crear una crisis y presionar al gobierno para que se sentara a negociar con ellos.

King también encontró inspiración en Gandhi, cuyas opiniones y palabras eran similares a las de Jesús. Sin embargo, King no aceptó de inmediato las enseñanzas de Gandhi. Los conceptos de amor y no violencia le parecían poco realistas en una guerra contra la opresión. Creía que las enseñanzas pacíficas de Jesús sólo podían funcionar con las relaciones personales, y no para cambiar las leyes.

"Llegué a ver por primera vez que la doctrina cristiana del amor operando a través del método gandhiano de la no violencia era una de las armas más potentes de que disponían los oprimidos en su lucha por la libertad".

Coincidía con Gandhi en que las armas más poderosas que tenían los oprimidos eran el amor y la verdad en su lucha por la justicia y la libertad.

King sabía que mucha gente se mostraría escéptica ante la noción de no violencia. A menudo explicaba en sus cartas y en su autobiografía que el amor era lo bastante poderoso para lograr un cambio real.

"Para Gandhi, el amor era un potente instrumento de transformación social y colectiva. Fue en este énfasis gandhiano en el amor y la no violencia donde descubrí el método para la reforma social que había estado buscando".

Para ayudar a la gente a comprender mejor sus puntos de vista, creó seis principios para la no violencia.

1. "La no violencia es una forma de vida para las personas valientes".
2. "La no violencia busca ganar la amistad y el entendimiento".
3. "La no violencia busca derrotar la injusticia, no a las personas".
4. "La no violencia sostiene que el sufrimiento por una causa justa puede educar y transformar".
5. "La no violencia elige el amor en lugar del odio".
6. "La no violencia cree que el universo está del lado de la justicia".

Activismo por los derechos civiles

King se convirtió en la voz de los oprimidos. Reclamó igualdad y libertad al tiempo que defendía una filosofía no violenta y sus creencias religiosas. Se convirtió en un líder de los derechos civiles y pronto se enfrentó a sus mayores pruebas.

En 1955, una joven negra de 15 años llamada Claudette Colvin infringió las leyes de Jim Crow al negarse a ceder su asiento en el autobús a un hombre blanco. King quiso aprovechar este incidente para desafiar estas leyes. Sin embargo, Colvin era joven y estaba embarazada, por lo que decidió no hacerlo, ya que atraería a la prensa negativa.

Unos meses más tarde se produjo el legendario incidente de Rosa Parks, que dio lugar al boicot de autobuses de Montgomery. Los líderes locales de los derechos civiles consideraron que King era la persona perfecta para liderar el boicot porque estaba bien formado, era carismático y joven, por lo que los afroamericanos estaban más dispuestos a escucharle.

"No tenemos otra alternativa que protestar. Durante muchos años hemos demostrado una paciencia asombrosa. A veces hemos dado a nuestros hermanos blancos la sensación de que nos gustaba cómo nos trataban. Pero venimos aquí esta noche para ser salvados de esa paciencia que nos hace pacientes con todo lo que no sea libertad y justicia".

Su discurso fue poderoso y conmovedor. Utilizando palabras como "nuestros hermanos blancos" envió un claro mensaje de amor y paz. Recordó a la comunidad negra que todos eran hermanos que buscaban coexistir.

El papel de King en el boicot le causó muchos problemas. Recibió múltiples amenazas de muerte, fue detenido y su casa fue incendiada. Tras el boicot, King se convirtió en un héroe nacional y en la voz del movimiento por los derechos civiles.

En 1960, un grupo de estudiantes negros de Carolina del Sur desafió las leyes de Jim Crow sentándose en comedores para blancos. Les dijeron que se marcharan y se sentaran en la sección de "personas de color", pero ellos se negaron. Cuando King recibió la noticia, aplaudió a los estudiantes por utilizar métodos no violentos.

En 1960, 27 ciudades pusieron fin a la ley de segregación en los almuerzos. Aunque fue un gran paso, King sabía que aún les quedaba mucho camino por recorrer.

Unos meses más tarde, King fue a una tienda por departamentos con 75 estudiantes y les pidió sentarse en las mesas para almorzar. La tienda se negó a servirles y les pidió que se marcharan. Sin embargo, King y los chicos se sentaron para protestar. King y 36 de los estudiantes fueron detenidos ese día. Sin embargo, fueron puestos en libertad poco después, ya que al alcalde de Atlanta le preocupaba que la detención de docenas de hombres negros atrajera a la prensa negativa.

En 1963, los activistas por los derechos civiles Bayard Rustin, A. Philip Randolph y King organizaron una multitudinaria marcha en Washington para pedir que se cambiaran las leyes de segregación. Doscientas cincuenta mil personas participaron en la marcha, convirtiéndola en una de las mayores manifestaciones que el país había visto jamás.

Durante aquella marcha, King pronunció uno de los discursos más famosos e inspiradores de la historia.

"Sueño con que un día, en las rojas colinas de Georgia, los hijos de los antiguos esclavos y los hijos de los antiguos propietarios de esclavos puedan sentarse juntos a la mesa de la fraternidad. Sueño con que mis cuatro hijos pequeños vivan algún día en una nación en la que no se les juzgue por el color de su piel, sino por el contenido de su carácter. Hoy tengo un sueño".

El discurso de King *"Tengo un sueño"* fue sencillo pero poderoso. Volvió a recordar que los blancos y los negros eran hermanos y debían convivir en paz. Quería que sus hijos crecieran en un mundo tolerante en el que se les juzgara por su carácter y no por el color de su piel.

El movimiento y el discurso tuvieron un enorme impacto en la sociedad estadounidense. Muchos blancos de todo el país empezaron a cuestionar el trato que recibían los afroamericanos y las leyes de Jim Crow. En 1964, el gobierno prohibió la discriminación en las instalaciones públicas.

Tras el enorme éxito de la marcha de Washington, los activistas de los derechos civiles Hosea Williams y John Lewis organizaron otra en 1965, en Selma, para exigir la igualdad del derecho de voto. Sin embargo, la policía se enfrentó a los manifestantes con gases lacrimógenos y porras. Lo que empezó como una marcha pacífica se convirtió en un violento ataque, con 58 personas hospitalizadas. Fue uno de los días más sangrientos de la historia de Estados Unidos, y personas de todo el país vieron imágenes y vídeos de la brutalidad policial contra manifestantes pacíficos.

King no estuvo presente en la marcha de Selma. El 9 de marzo de 1965 tuvo lugar otra, y King estuvo presente. Participaron 2.500 estadounidenses blancos y negros. Para evitar enfrentamientos, King pidió a sus seguidores que se arrodillaran para rezar. Ese mismo mes se celebraron otras dos marchas. En la segunda, 25.000 personas marcharon en paz y King pronunció otro poderoso discurso de paz. Cinco meses después, se concedió a los afroamericanos el derecho al voto.

Amistad con Lyndon Baines Johnson

El expresidente Lyndon Baines Johnson y King compartían un estrecho vínculo. Sin embargo, esta asociación se produjo a puerta cerrada, ya que sus asesores no confiaban plenamente el uno en el otro. Sin embargo, ambos hombres se apoyaron plenamente. Johnson aprobó la Ley del Derecho al Voto y la Ley de Derechos Civiles, que pusieron fin a la segregación legal. Se refirió a ellas como los mayores logros de su administración.

Aunque muchas personas del Senado estaban en contra de la aprobación de la Ley de Derechos Civiles, Johnson creó la primera coalición bipartidista de la historia para desafiar y superar su obstruccionismo.

En 1964, King apoyó públicamente a Johnson durante la campaña presidencial, lo que le valió una gran cantidad de votos.

Martin Luther King y Malcolm X

Aunque King y Malcolm tenían los mismos objetivos y corrieron la misma suerte, ambos hombres eran más adversarios que aliados. Sólo se vieron una vez, y su conversación duró un minuto. Una foto en blanco y negro es todo lo que queda de este momento histórico, que recuerda lo que podría haber sido.

King y Malcolm no coincidían en muchas cuestiones. Malcolm no estaba de acuerdo con el enfoque no violento de King, por considerarlo débil y lento, mientras que a King no le gustaba que Malcolm abogara por la autodefensa.

King lo describió una vez como muy elocuente, pero no estaba de acuerdo con sus opiniones filosóficas y políticas, mientras que Malcolm lo describió como un "Tío Tom moderno".

Sin embargo, Malcolm envió una carta a King como rama de olivo, pidiéndole dejar a un lado sus pequeñas diferencias y centrarse en el logro de sus objetivos comunes. Invitó a King a participar en un mitin en Harlem, pero este no asistió.

Malcolm, sin embargo, asistió a la marcha de Washinton y la calificó de farsa y circo. También criticó el discurso de King *"Tengo un sueño"*.

Cuando Malcolm fue asesinado, King lo lloró diciendo que el mundo había perdido a un gran líder. También envió un telegrama a la viuda de Malcolm para expresarle sus condolencias.

"Aunque no siempre coincidimos en los métodos para resolver el problema racial, siempre sentí un profundo afecto por Malcolm y consideré que tenía una gran capacidad para poner el dedo en la existencia y la raíz del problema".

Uno no puede evitar preguntarse qué habría ocurrido si estos hombres hubieran vivido más tiempo y hubieran arreglado su relación.

El 4 de abril de 1968, tres años después del asesinato de Malcolm, King también fue asesinado. Ambos tenían 39 años.

El legado de Martin Luther King

El clima político y social no ha cambiado mucho en los últimos cien años. La sociedad estadounidense sigue dividida y los negros siguen clamando contra la injusticia. Por ello, las enseñanzas de King siguen siendo tan pertinentes hoy como hace 80 años. Los activistas negros siguen clamando contra la brutalidad policial y la discriminación. Muchos siguen haciéndose eco del discurso *"Tengo un sueño"* de King, esperando que llegue el día en que se les juzgue por su carácter y no por el color de su piel.

Siguen repitiendo el mensaje de King, pidiendo justicia medioambiental, educación igualitaria y derecho al voto.

Tras la muerte de George Floyd, muchos estadounidenses aplicaron la filosofía de la no violencia de King. Celebraron sentadas o marcharon pacíficamente. En 2023, el hijo de King y otros activistas de los derechos civiles celebraron un mitin en Washington para conmemorar el 60 aniversario de la famosa marcha de King.

En 2011, los egipcios celebraron marchas no violentas en Egipto exigiendo la dimisión del presidente Mubarak. En Hiroshima (Japón), el pueblo celebra cada año su cumpleaños y recuerda sus mensajes de paz. En Polonia, un movimiento social recurrió a la resistencia no violenta para reclamar los derechos de los trabajadores.

King se ha convertido en una imagen de la libertad y la resistencia pacífica en todo el mundo. Sigue siendo la voz de los oprimidos, y muchos se identifican con su filosofía. El discurso *"Tengo un sueño"* se ha convertido en un poderoso mensaje de esperanza.

Martin Luther King murió, pero sus mensajes son universales y eternos.

Capítulo 10: Pionera en el cielo: las aventuras aéreas de Bessie Coleman

En una época en la que el sexismo, el racismo y la flagrante falta de respeto a los demás basada en un fanatismo ciego no tenían freno, una mujer piloto de ascendencia negra e indígena decidió abrir nuevos caminos y surcar las nubes en busca de la gloria y la inmortalidad. La valiente Bessie, como algunos la llamaban, fue la primera mujer en el campo de la aviación que luchó y rompió las cadenas diseñadas por el patriarcado blanco para frenar los sueños de todos aquellos que los hombres en el poder consideraban diferentes.

Sus valientes esfuerzos y su perseverancia siguen inspirando a generaciones enteras a proponerse lo imposible y convertirlo en probable.

En la época de Coleman, no era anormal observar a niños de piel oscura trabajando en condiciones difíciles, como recoger algodón bajo un sol abrasador. Tampoco era inusual que esos mismos niños fueran objeto de acoso y discriminación dentro de su sociedad por parte de las personas que se consideraban de un estatus superior.

En aquella época, los negros estadounidenses no tenían derecho a votar, a viajar en los vagones de ferrocarril con sus homólogos blancos, ni siquiera a tener las mismas oportunidades de adquirir una educación adecuada que los de piel más blanca.

Entonces, ¿quién era exactamente Bessie Coleman y cómo adquirió tanto renombre y respeto teniendo en cuenta sus circunstancias?

Vida temprana

La joven Bessie nació el 26 de enero de 1892 en la calurosa Atlanta, Texas. Sus padres eran Susan Coleman, afroamericana, y George Coleman, mezcla de sangre afroamericana y nativa americana. Bessie era la décima hija de una familia con trece hermanos, por lo que para sus padres era bastante difícil procurar su sustento, ya que la madre trabajaba como criada y el padre como recolector de algodón para un terrateniente.

Cuando tenía seis años, Coleman asistió a una escuela segregada en Waxahachie, Texas. En aquella época, a la gente de color no se le permitía ir a la escuela con niños blancos. La escuela se describía como una choza de madera de una sola habitación, con muy pocas posibilidades de que le proporcionaran material escolar adecuado, como papel y lápices. La pequeña Bessie tenía que caminar cuatro millas todos los días para llegar a la escuela improvisada, que estaba muy lejos de donde iban los niños blancos.

Poco después, en 1901, su padre decidió abandonar sus deberes paternos y dirigirse a Oklahoma en un esfuerzo por escapar de la brutal discriminación, además de un intento de reconectar con sus raíces nativas. Su madre permaneció en Texas con ella y sus hermanos, haciendo todo lo posible por mantenerlos con los pequeños sueldos que podía conseguir. Estaba acostumbrada a realizar trabajos ocasionales, como recoger algodón y lavar la ropa. En cuanto tuvieron edad y pudieron, Bessie y sus hermanos salieron a buscar trabajo para ayudar a su madre con los gastos de la casa. Uno de los trabajos en los que participaba Bessie era recoger algodón cuando estaba maduro... algo que realmente odiaba hacer.

En 1910, Bessie ingresó en la Oklahoma Colored Agricultural and Normal University (actualmente conocida como Langston University); sin embargo, tuvo que abandonar los estudios al no disponer de fondos suficientes para cubrir las tasas académicas.

En 1915, cuando tenía 23 años y durante la gran migración, Coleman se dirigió a Chicago, Illinois, y se aseguró la convivencia con dos de sus hermanos mientras asistía a la Burnham School of Beauty Culture. Luego pasó a trabajar como manicurista en una barbería de la zona sur de la ciudad. Se especula que se casó el 30 de enero de 1917 con Claude Glenn, un hombre 14 años mayor que ella. Sus hermanos sirvieron en el ejército durante la Primera Guerra Mundial y, cuando regresaron, tenían un montón de historias que contar sobre su estancia en Francia.

Sus historias superaban la imaginación de Bessie. Hablaban de las libertades de las que gozaban las francesas y que a ella sólo le permitían soñar. Le contaban que las mujeres francesas iban a tener derecho a convertirse en lo que quisieran, incluso en pilotos. Su hermano se burlaba a menudo de ella, diciéndole que eso era algo que ella nunca llegaría a ser. Mientras relataban sus aventuras en Francia, su hermano, John, siguió diciendo: "Sé algo que hacen las francesas que tú nunca harás... ¡volar!". "Eso es... ¡Eso es lo que voy a hacer!", fue la respuesta de Bessie a su hermano tras proponerse seguir los pasos de las francesas, convertirse ella misma en piloto y demostrarle que estaba equivocado.

El camino a Francia

Bessie no estaba preparada para la reacción violenta que recibiría cuando decidió entrar en el campo de la aviación. El panorama estadounidense de la época no era precisamente favorable a que las mujeres entraran en campos dominados por los hombres, por no hablar de las mujeres negras.

Coleman ahorró el dinero suficiente para solicitar plaza en las escuelas de vuelo de Estados Unidos y se puso en contacto con pilotos para que le enseñaran a volar, pero cada vez que lo hacía se encontraba con el rechazo y el desdén, por ser mujer y negra. Aún decidida a perseguir su sueño, Coleman buscó el consejo de su amigo Robert Abbott, que por entonces era editor del conocido periódico afroamericano *"The Chicago Defender"*.

Abbott sugirió a la joven que tomara cartas en el asunto, aprendiera francés y viajara a Francia para obtener su licencia de piloto. Abbott le financió el viaje junto con otro generoso benefactor afroamericano, Jesse Binga, que había fundado el primer banco de propietarios negros de Chicago.

Par el 20 de noviembre de 1920, Bessie había aprendido francés por su cuenta, viajó a Francia y se matriculó en la Escuela de Aviación de los Hermanos Caudron *"Le Crotoy"*, situada en el norte de Francia, cerca del Somme. Era la única estudiante de piel oscura de su clase. El 15 de junio de 1921 se graduó en la *Federation Aeronautique Internationale,* convirtiéndose en la primera mujer afroamericana en obtener una licencia de piloto en sólo siete meses.

El entrenamiento se centró en el vuelo del Nieuport tipo 82. Debido al estado quebradizo del avión, era costumbre que Bessie inspeccionara hasta la última pieza antes del despegue, por si acaso. El avión constaba de dos cabinas, una para el instructor y otra para el alumno. La máquina no se parecía a ninguna de sus homólogas modernas. No tenía volante ni frenos, y se manejaba principalmente con un gran bastón de madera que se encargaba del cabeceo y el alabeo (rotación del avión alrededor de los ejes lateral y frontal) y una barra de timón para controlar la guiñada (rotación del avión alrededor del eje vertical).

Después de este triunfo, sintió que necesitaba aprender un poco más antes de aventurarse por su cuenta en el campo de la acrobacia aérea.

Bessie continuó su viaje por Europa, aprendiendo las numerosas técnicas de vuelo acrobático, como hacer bucles, giros en la cola y barrenar, entre otras fascinantes acrobacias. Durante sus clases, estuvo presente cuando un desafortunado accidente se cobró la vida de otro de los alumnos.

Bessie recuerda el incidente diciendo: *"Fue un shock terrible para mis nervios, pero nunca los perdí... Seguí adelante"*.

Parte de su entrenamiento consistió en volar con los ases militares alemanes durante las 10 semanas que pasó en Berlín.

El camino de vuelta a casa

En septiembre de 1922, Coleman regresó a Estados Unidos como una mujer diferente a la que había dejado el país. Contra todo pronóstico, ahora era oficialmente piloto. Fue recibida por un enjambre de periodistas que la apodaron "Una aviadora hecha y derecha; la primera de su raza".

Cuando fue invitada al musical negro Shuffle Along, recibió una gran ovación tanto del público como de la orquesta blanca. Bessie soñaba a menudo con construir una escuela de aviación para mujeres de su complexión. Así que empezó a hacerse un nombre. Su primera aparición oficial fue en un espectáculo aéreo estadounidense patrocinado por Abbott y The Defender. El espectáculo rendía homenaje a todos los veteranos negros del 396º Regimiento de Infantería que sirvieron en la Primera Guerra Mundial, y ella fue presentada como la mejor mujer aviadora del mundo.

El viaje a la fama

Su primer vuelo público en Estados Unidos tuvo lugar el 3 de septiembre de 1922. Había tomado prestado un Curtiss JN-4D Jenny en Curtiss Field, en Long Island. Después de eso, se dirigió a Memphis, Tennessee, y luego a una exhibición en el campo Checkerboard de Chicago el 15 de octubre, donde fue recibida por 2.000 amistosas caras integradas.

A principios de 1923, viajó a California para promocionarse en colaboración con Coast Tire and Rubber de Oakland. La idea era que se diera a conocer como piloto de "*barnstorming*" (una forma de vuelo acrobático), uno de los pocos trabajos disponibles para los aviadores de la época.

Durante los cinco años siguientes a su regreso de Europa, empezó a recorrer Estados Unidos realizando trucos imposibles y hazañas increíbles que los norteamericanos nunca habían visto antes. Realizaba bucles, barriles, saltos y ochos con su avión. Caminaba sobre las alas en pleno vuelo mientras su copiloto manejaba los mandos y luego se lanzaba en paracaídas hasta el suelo. Muchos periódicos, sobre todo negros, empezaron a cubrir sus inusuales y espectaculares hazañas aéreas. En poco tiempo, la llamaron Queen Bess y Brave Bessie. A Coleman no sólo le interesaba que su nombre figurara en el Salón de la Fama, sino que estaba haciendo una declaración.

Fue invitada a actuar en varios lugares y a pronunciar discursos en otros; sin embargo, Coleman seguía una sencilla norma cuando se trataba de actuar en público: nunca acudía a lugares que segregaran a las multitudes blancas y negras. Se aseguraba de que el lugar que visitaba permitiera a todo el público entrar por una única puerta, no por puertas separadas en función del color.

Coleman tuvo la oportunidad de protagonizar una película basada en su propia vida. Sin embargo, se apresuró a rechazar la oportunidad de aparecer en la gran pantalla tras enterarse de que el largometraje empezaría con ella vistiendo harapos. En una entrevista concedida a la revista Billboard, se la citó diciendo: "Nada de cosas del Tío Tom para mí", en relación con su postura ante la película.

Sobrevivir a su primer accidente

En 1923, cuando sólo llevaba dos años volando, Bessie Coleman miró a la muerte a los ojos y vivió para contarlo. Coleman había estado ahorrando dinero para comprar su avión en lugar de tener que pedirlo prestado para sus actuaciones. Había puesto sus ojos en un Curtiss JN-4, también conocido como Jenny. Bessie se dirigió a Santa Mónica, California, para cerrar el trato.

Durante su estancia en California, tenía prevista una exhibición aérea cerca de Los Ángeles. Tras despegar del recinto ferial, el destino tenía otros planes para ella. A 300 pies de altura, el motor se paró y el avión empezó a caer en picado hacia el suelo. Se estrelló y, en el proceso, se rompió una pierna, se fracturó las costillas y destrozó el avión.

Intentó razonar con el médico presente en el lugar del accidente para que la curara y pudiera llegar a tiempo al espectáculo. En respuesta a sus súplicas, el médico llamó a una ambulancia.

En un telegrama dirigido a sus fans, Coleman dijo: *"¡Diles a todos que en cuanto pueda caminar, voy a volar!".*

Sus heridas fueron tan graves que tardó meses en recuperarse, y no fue hasta pasados dos años cuando pudo volver a volar con regularidad.

El incidente dejó huella en la valiente Bessie. Mientras volvía a actuar en Texas, parecía estar aumentando su presencia profesional en el circuito de conferencias, una línea de trabajo que consideraba más segura y gratificante en términos monetarios, al tiempo que dejaba clara su opinión sobre la situación social del momento.

Durante sus discursos, incluía fotos y películas de sus vuelos con los aviadores alemanes. Estas charlas solían dejar asombradas a las audiencias, especialmente a la población femenina negra, que entonces ofrecía alojamiento y comidas. Estas apariciones a menudo se pagaban más que las actuaciones de vuelo.

El segundo accidente - El desafortunado fallecimiento de Bessie Coleman

Se decía que, por aquel entonces, Coleman casi había ahorrado el dinero suficiente para abrir su propia escuela de vuelo, como había soñado. En abril de 1926, había reunido el dinero suficiente para comprarse otro Surplus Jenny en lugar del que se estrelló e incendió en 1923.

El 30 de abril, Coleman y su copiloto y mecánico, William Wills, salieron en un vuelo de ensayo para un espectáculo programado para el 1 de mayo. Coleman iba en la segunda cabina sin cinturón de seguridad para poder mirar por encima del borde y encontrar una zona adecuada para aterrizar para su acrobacia de salto en paracaídas el día del espectáculo. En un desafortunado suceso, debido a una avería mecánica que luego se atribuyó a una llave inglesa atascada en el motor, el avión empezó a fallar. Según testigos presenciales, Wills pilotó el avión primero durante unos cinco minutos a una altitud de 2.000 pies. Luego subió a 3.500 pies. De la nada, el avión aceleró repentinamente, cayó en picado, entró en barrena y finalmente volcó, arrojando a Coleman, que no llevaba puesto el cinturón de seguridad, desde una altitud presumiblemente de 2.000 pies. Bessie Coleman cayó en picado y falleció en el impacto a la edad de 34 años.

Bessie Coleman murió sólo cinco años después de iniciar su carrera en la aviación.

William Wills no disfrutó de mejor fortuna que Coleman. De hecho, algunos creen que soportó una muerte más dolorosa. El copiloto se estrelló con el avión contra el suelo y fue encontrado atrapado bajo la carrocería del avión.

Mientras los rescatadores se afanaban por sacarlo de entre los escombros, alguien pensó que sería una gran idea encender una cerilla para un cigarrillo. Ni que decir tiene que el acto prendió fuego a los gases y convirtió los restos en un amasijo de llamas.

Su muerte apenas atrajo la atención de los principales medios de comunicación. De hecho, la mayoría de los medios ignoraron su trágica partida y centraron su atención en informar sobre la muerte de William Wills, que casualmente era blanco y varón.

Sin embargo, muchas publicaciones negras honraron y lamentaron el fallecimiento de la valiente Bessie dedicando su portada a cubrir su prematura muerte.

Para honrar su fallecimiento, el cuerpo de Bessie fue velado tanto en Florida como en Chicago, para que la gente tuviera la oportunidad de presentar sus respetos a la difunta piloto. 10.000 personas acudieron de todas partes para contemplar por última vez a la formidable mujer y despedirse de ella. La periodista Ida B. Wells, muy conocida por su desprecio público y su lucha contra los linchamientos, fue la encargada de dirigir las ceremonias en Chicago.

Durante varios años tras su muerte, los aviones sobrevolaron su tumba.

El legado de Bessie Colemans

En 1929, el deseo de Bessie Coleman se hizo realidad, aunque ella no estaba viva para ver sus sueños hechos realidad. El Bessie Coleman Aero Club fue fundado por el piloto afroamericano LT Willian J. Powell.

En la década de 1930, la Challenger Air Pilots Association comenzó a patrocinar actos conmemorativos anuales en homenaje a la fallecida aviadora. Estos actos conmemorativos incluían sobrevolar la tumba de Bessie Coleman para dejar flores.

A lo largo de los años, distintos autores han recitado la historia de Bessie Coleman de muchas formas. Su vida ha aparecido en series de televisión, libros, documentales franceses e incluso programas de humor.

No fue hasta hace pocos años cuando Coleman empezó a recibir el reconocimiento que merecía más allá de la comunidad afroamericana. En 1995, el Servicio Postal de Estados Unidos imprimió un sello con su imagen como parte de la serie Black Heritage.

En Texas, una escuela de enseñanza media y varias carreteras rurales llevan el nombre de la piloto, la mayoría cerca de aeropuertos en referencia a su carrera. Varios clubes aeronáuticos, becas y fabricantes adoptaron su nombre.

En 1992, Mae Jemison, la primera mujer afroamericana en entrar en el espacio, rindió homenaje a la difunta piloto en un epílogo titulado *"Queen Bess: Aviadora temeraria"*.

Expresó su tristeza y vergüenza por no conocer a la famosa aviadora salvo cuando su viaje al espacio parecía estar a la vuelta de la esquina. "Ojalá la hubiera conocido mientras crecía... pero, por otra parte, creo que estuvo conmigo todo el tiempo", rememora Jemison.

Mae recuerda que se llevó una foto de Bessie al espacio, lo que técnicamente hace cierta su afirmación anterior. De hecho, estuvo con ella todo el tiempo, volando más alto de lo que jamás había imaginado.

En 2000, Bessie fue admitida en el Salón de la Fama de la Aviación de Texas. Las futuras mujeres piloto deben buena parte de sus éxitos a los esfuerzos realizados por la difunta piloto. Willa Brown y Janet Bragg se cuentan entre las pocas pilotos que surcaron los cielos después de que Bessie allanara el camino para que las afroamericanas se aventuraran en un campo en el que antes se presumía imposible entrar.

No cabe duda de que, aunque tuvo una vida corta, Bessie Coleman llevó una existencia plena, llena de acontecimientos e inspiradora. Sus iniciativas y su valor sirven para recordar a los jóvenes de hoy que el hecho de que alguien te diga que no puedes hacer algo no significa que no debas intentarlo. Aunque su historia no recibió la merecida atención hasta décadas después de su muerte, sigue despertando el entusiasmo y el valor de los jóvenes, independientemente de su sexo, etnia o tono de piel.

Conclusión

Estas historias de héroes no existen sólo para que la gente las admire. Sus asombrosas historias pueden parecer inalcanzables, pero estas personas eran tan humanos como cualquier otro en la actualidad. Se encontraron con desafíos y se enfrentaron a la oposición, pero perseveraron con determinación. Su pensamiento innovador y su liderazgo inigualable hicieron que todos los héroes de este libro quedaran permanentemente estampados en los archivos de la historia.

Leer sus historias mantiene vivo el recuerdo de sus luchas y triunfos. Olvidar las contribuciones de estos iconos sería una gran pérdida para la memoria colectiva del mundo. Rara vez las personas llegan a la cima de sus campos y remodelan el mundo mientras lo hacen. Se necesita una persona especial con el valor de seguir sus sueños y construir su visión al tiempo que se preocupa profundamente por los demás para sobresalir de forma tan ilimitada.

Sus historias son diversas, pero los hilos comunes de superación de la adversidad y lucha contra la injusticia entretejen la hermosa historia de la negritud. Gracias a su autodeterminación y a su inquebrantable compromiso con sus ideales, cada una de estas personas logró lo impensable en circunstancias a menudo terribles. Cada uno de estos individuos dominó la magia de convertir sus obstáculos en trampolines en sus papeles únicos.

Desde la política y la religión hasta la música, la literatura y las matemáticas, la historia de los negros tiene miles de páginas sin leer. Los africanos del continente y de la diáspora han dejado huella en el mundo destacando en sus campos y transformando mentes. Su ejemplo inspira al mundo a explorar nuevas fronteras de excelencia.

Su memoria puede estar viva si se mantiene respirando a través de las ideas y acciones de la gente de hoy. Sus vidas transformadoras no tienen por qué existir a la sombra de las historias, sino que pueden surgir a través de los esfuerzos aplicados de las masas. Ellos estuvieron comprometidos con sus objetivos hasta que fallecieron; ahora, el manto ha pasado a la siguiente generación. Donde corrieron estos héroes, volarán los héroes del futuro.

No se trata de un relato del pasado, sino de un espejo en el que se refleja el potencial humano. Estos héroes no salen de un relato ficticio de la imaginación de un escritor brillantemente creativo. Sus vidas imprimieron sus relatos, y esto nunca podrá duplicarse, pero sí elevarse. A partir de los cimientos establecidos por estos poderosos iconos, el mundo puede saltar más allá de todas las limitaciones.

A medida que la humanidad avanza hacia un futuro incierto, los gigantes del pasado pueden convertirse en una antorcha que ilumine el camino hacia delante. Muchas de las luchas a las que se enfrenta el mundo contemporáneo son secuelas de las que tuvieron que superar estos héroes. Adoptando su modelo, la igualdad, la justicia y el cambio positivo en el mundo llegarán.

Mira otro libro de la serie

Referencias

11.4 Truth and Reconciliation Commission – The Presidential Years. (n.d.). Tpy.nelsonmandela.org. https://tpy.nelsonmandela.org/pages/part-iv-transformation/11-reconciliation/11-4-truth-and-reconciliation-commission

30 Best Duke Ellington Quotes With Image | Bookey. (n.d.). Www.bookey.app. https://www.bookey.app/quote-author/duke-ellington

A quote from I Know Why the Caged Bird Sings. (n.d.). Www.goodreads.com. https://www.goodreads.com/quotes/9687740-the-act-of-rape-on-an-eight-year-old-body-is-a

Admin. (2022, May 27). 7 Bessie Coleman Fun Facts. Wings over Camarillo. https://wingsovercamarillo.com/7-bessie-coleman-fun-facts/

Adu-Gyamfi, K. (2021). What You Do Not Know about Archbishop Desmond Tutu. Africanews. https://www.africanews.com/2021/12/31/what-you-do-not-know-about-archbishop-desmond-tutu//

Alexander, K. L. (2018). Bessie Coleman. National Women's History Museum. https://www.womenshistory.org/education-resources/biographies/bessie-coleman

Allen. (2015, September 15). Harriet Tubman. History. https://kids.nationalgeographic.com/history/article/harriet-tubman

Anirudh. (2018a, September 11). 10 Major Accomplishments of Rosa Parks | Learnodo Newtonic. Learnodo-Newtonic.com. https://learnodo-newtonic.com/rosa-parks-accomplishments

Archbishop Emeritus Desmond Mpilo Tutu. (2018, May 29). South African History Online. https://www.sahistory.org.za/people/archbishop-emeritus-desmond-mpilo-tutu

Berresford, M. (n.d.). Articles p5. Www.vjm.biz. https://www.vjm.biz/articles4.htm

Bessie Coleman. (n.d.). Airandspace.si.edu. https://airandspace.si.edu/explore/stories/bessie-coleman

Billy Strayhorn and Duke Ellington's Collaboration. (n.d.). Colburn. https://www.colburnschool.edu/community-initiatives/billy-strayhorn/billy-strayhorn-and-duke-ellingtons-collaboration/

Biography.com Editors And Tim Ott. (2024, January 12). Martin Luther King Jr.: Revered Civil Rights Leader. Biography. https://www.biography.com/activists/martin-luther-king-jr#early-life

BrainyQuote. (2017). BrainyQuote; BrainyQuote. https://www.brainyquote.com/authors/katherine-johnson-quotes

Bredhoff, S., Schamel, W., & Potter, L. A. (2016, December 21). An Act of Courage, The Arrest Records of Rosa Parks. National Archives. https://www.archives.gov/education/lessons/rosa-parks

Brown, D. L. (2018, January 14). Martin Luther King Jr. met Malcolm X just once. The photo still haunts us with what was lost. The Washington Post. https://www.washingtonpost.com/news/retropolis/wp/2018/01/14/martin-luther-king-jr-met-malcolm-x-just-once-the-photo-still-haunts-us-with-what-was-lost/

Caplan, A. (2013, December 9). Bioethicist: Mandela's AIDS legacy of silence and courage. NBC News. https://www.nbcnews.com/healthmain/bioethicist-mandelas-aids-legacy-silence-courage-2D11702797

Carver, George Washington. (n.d.). Encyclopedia of Alabama. https://encyclopediaofalabama.org/article/george-washington-carver/

Danielle. (2021, May 5). Harriet Tubman. Harriet Tubman Byway. https://harriettubmanbyway.org/harriet-tubman/

Dawn, R. (2014, May 28). Maya Angelou left lasting pop culture legacy. TODAY.com. https://www.today.com/popculture/maya-angelou-left-lasting-pop-culture-legacy-2D79725094

Dawson, S. (2015). Harriet Tubman. National Women's History Museum; National Women's History Museum. https://www.womenshistory.org/education-resources/biographies/harriet-tubman

Debczak, M. (2018, August 24). 10 Fascinating Facts About Katherine Johnson. Mental Floss. https://www.mentalfloss.com/article/555114/facts-about-katherine-johnson-nasa#_xdp702xtq

Defiance Campaign 1952: The Defiance Campaign in South Africa, recalled – ANC. (n.d.). African National Congress. https://www.anc1912.org.za/defiance-campaign-1952-the-defiance-campaign-in-south-africa-recalled/

Dersch, A. (2024, February 5). Bessie Coleman: A Pioneer in Aviation and Equality. Evergreen Museum. https://www.evergreenmuseum.org/2024/02/05/bessie-coleman-a-pioneer-in-aviation-and-equality/

Desmond Tutu. (n.d.). Theelders.org. https://theelders.org/profile/desmond-tutu

Duke Ellington and his Cotton Club Orchestra - The Syncopated Times. (2020, April 9). The Syncopated Times. https://syncopatedtimes.com/duke-ellington-and-his-cotton-club-orchestra/

Dunbar, E. A. (2019, November 1). The True Story of Harriet Tubman Shows That Sometimes Running Is as Brave as Fighting. Time. https://time.com/5715477/harriet-tubman-escape/

Ellis, E. (2024, January 26). Happy birthday, Bessie Coleman! Science Museum Blog. https://blog.sciencemuseum.org.uk/happy-birthday-bessie-coleman/

Fleur, N. St. (2021, January 28). George Washington Carver. History. https://kids.nationalgeographic.com/history/article/george-washington-carver

George Washington Carver. (n.d.). Science History Institute. https://www.sciencehistory.org/education/scientific-biographies/george-washington-carver/

Giberson, L. (n.d.). Maya Angelou: Finding a Voice through her Complex Vision of Self and Shakespeare. https://dialogues.rutgers.edu/journals/95-maya-angelou-finding-a-voice-through-her-complex-vision-of-self-and-shakespeare/file

Green, K. (2022, February 7). 45 Quotes From the Underground Railroad Operator and Future Face of the $20 Bill, Harriet Tubman. Parade: Entertainment, Recipes, Health, Life, Holidays. https://parade.com/1331514/kaigreen/harriet-tubman-quotes/

Harriet Tubman (U.S. National Park Service). (2023, January 6). Nps.gov; National Park Service. https://www.nps.gov/people/harriet-tubman.htm

Harriet Tubman. (2009, October 29). History.com; A&E Television Networks. https://www.history.com/topics/black-history/harriet-tubman

Harrison, J. (2019, April 5). Women in tech history: Katherine Johnson, the mathematician who guided us to the moon. Medium. https://geneticjen.medium.com/women-in-tech-history-katherine-johnson-the-mathematician-who-guided-us-to-the-moon-6cc54160aedc

History.com Editors. (2018, February 28). Jim Crow Laws. History; A&E Television Networks. https://www.history.com/topics/early-20th-century-us/jim-crow-laws

History.com Editors. (2019, January 7). George Washington Carver. History.com; A&E Television Networks. https://www.history.com/topics/black-history/george-washington-carver

How did Rosa Parks help the NAACP? – idswater.com. (2020, September 11). Ids-Water.com. https://ids-water.com/2020/09/11/how-did-rosa-parks-help-the-naacp/

International, L. on E. / W. M. F. / P. R. (n.d.). Living on Earth: One Step Further: The Story of Katherine Johnson. Living on Earth. https://www.loe.org/shows/segments.html?programID=24-P13-00008&segmentID=2

Joseph, P. (2023, January 16). Commentary: Political, Social Climate of Martin Luther King Jr.'s Era Not So Different from Today's. Texas Standard. https://www.texasstandard.org/stories/commentary-mlk-day-2023/

Kelly, D. (2020, June 10). The /Untold Truth of Rosa Parks. Grunge. https://www.grunge.com/216734/the-untold-truth-of-rosa-parks/

Kennedy, D. (2019, August 13). The Untold Truth Of Harriet Tubman. Grunge. https://www.grunge.com/161879/the-untold-truth-of-harriet-tubman/

Kitazawa, E. (2022, December 17). Racism in the Segregated South: John Griffin's Account. Shortform Books. https://www.shortform.com/blog/racism-in-the-south/

Krasny, J. (2014, May 28). The Creative Habits That Sparked Maya Angelou's Greatest Work. Inc.com. https://www.inc.com/jill-krasny/maya-angelou-creative-writing-process.html

Lauria-Blum, J. (2019, June 7). Bessie Coleman. Www.cradleofaviation.org. https://www.cradleofaviation.org/history/history/women-in-aviation/bessie-coleman.html

Lawrence, A. H. (2001). Duke Ellington and His World. Archive.nytimes.com. https://archive.nytimes.com/www.nytimes.com/books/first/l/lawrence-ellington.html

Life Story: Katherine Johnson. (n.d.). Women & the American Story. https://wams.nyhistory.org/growth-and-turmoil/cold-war-beginnings/katherine-johnson/

Little, B. (2021, January 19). How Martin Luther King Jr. Took Inspiration From Gandhi on Nonviolence. Biography. https://www.biography.com/activists/martin-luther-king-jr-gandhi-nonviolence-inspiration

Makow, H. (2017). Rosa Parks - Why Do Americans Worship Traitors? HenryMakow.com. https://www.henrymakow.com/Rosa-Parks-Proof-Communists.html

Margaritoff, M. (2019, October 26). Beyond The Underground Railroad: Harriet Tubman's Journey From Slave To Spy To Historical Icon. All That's Interesting; All That's Interesting. https://allthatsinteresting.com/harriet-tubman

Martínez, A. (2023, April 4). Maya Angelou, An Essential Voice in American Literature and Culture. EL PAÍS English. https://english.elpais.com/culture/2023-04-04/maya-angelou-an-essential-voice-in-american-literature-and-culture.html

Maya Angelou. (n.d.). Academy of Achievement. https://achievement.org/achiever/maya-angelou

McEvoy, C. (2021, March 26). Rosa Parks - Quotes, Bus Boycott & Death. Biography; A&E Television Networks. https://www.biography.com/activists/rosa-parks

McKnight, M. (2020, July 20). Nelson Mandela's Childhood. The Borgen Project. https://borgenproject.org/nelson-mandelas-childhood-2/

Missouri Department of Agriculture. (n.d.). George Washington Carver. Agriculture.mo.gov. https://agriculture.mo.gov/gwc.php

MLK's Influence. (n.d.). Margmayangelou.weebly.com. https://margmayangelou.weebly.com/mlks-influence.html

Mobayed, T. (2019, February 21). The Sad, Unknown Stories About Malcolm X and His Relationship With Muhammad Ali and Maya Angelou. MVSLIM. https://mvslim.com/the-sad-unknown-stories-about-malcolm-x-and-his-relationship-with-muhammad-ali-and-maya-angelou/

Mullenweg, M. (n.d.). Compendium of Jazz Quotes - Duke Ellington - Jason Heath's Double Bass Blog. Jason Heath's Double Bass Blog. https://doublebassblog.org/2008/02/compendium-of-jazz-quotes-duke-ellington.html

NAACP. (2022). Rosa Parks | NAACP. Naacp.org; NAACP. https://naacp.org/find-resources/history-explained/civil-rights-leaders/rosa-parks

National Geographic Staff. (2023, January 12). Martin Luther King, Jr.—facts and information. National Geographic. https://www.nationalgeographic.com/culture/article/martin-luther-king-jr

National Park Service. (2021, February 15). Lyndon B Johnson's Relationship with MLK - George Washington Memorial Parkway (U.S. National Park Service). Www.nps.gov. https://www.nps.gov/gwmp/learn/historyculture/lbjandmlk.htm

National Women's Hall Of Fame. (2018). Coleman, Bessie - National Women's Hall of Fame. National Women's Hall of Fame. https://www.womenofthehall.org/inductee/bessie-coleman/

Nelson Mandela Foundation. (n.d.). Biography of Nelson Mandela - Nelson Mandela Foundation. Www.nelsonmandela.org.

https://www.nelsonmandela.org/biography

Npr. (2023, January 16). "I Have a Dream" Speech, in Its Entirety. Npr.org; Npr. https://www.npr.org/2010/01/18/122701268/i-have-a-dream-speech-in-its-entirety

On The Pulse Of Morning by Maya Angelou. (n.d.). Allpoetry.com. https://allpoetry.com/On-The-Pulse-Of-Morning

PBS. (2002, December 12). Duke Ellington | About Duke Ellington | American Masters | PBS. American Masters; PBS. https://www.pbs.org/wnet/americanmasters/duke-ellington-about-duke-ellington/586/

PBS. (2019). Bessie Coleman | American Experience | PBS. Pbs.org. https://www.pbs.org/wgbh/americanexperience/features/flygirls-bessie-coleman/

Piccotti, T. (2014, April 3). Harriet Tubman - Movie, Quotes & 20 Dollar Bill. Biography; A&E; Television Networks. https://www.biography.com/activists/harriet-tubman

Piccotti, T. (2021, May 10). Maya Angelou: Beloved American Author and Activist. Biography. https://www.biography.com/authors-writers/maya-angelou#early-life

Rise, S. I. (n.d.). Still, I Rise by Maya Angelou. Allpoetry.com. https://allpoetry.com/poem/8511437-Still-I-Rise-by-Maya-Angelou

Rosa Parks: Timeline of Her Life, Montgomery Bus Boycott and Death. (2023, October 29). Hec.edu.vn - Useful Knowledge Information. https://hec.edu.vn/rosa-parks-timeline-of-her-life-montgomery-bus-boycott-and-death/

Rosenberg, J. (2019, September 1). How Rosa Parks Helped Spark the Montgomery Bus Boycott. ThoughtCo. https://www.thoughtco.com/rosa-parks-refuses-moving-bus-seat-1779397

Salehin, S. (n.d.). Black Excellence Book Review: "I Know Why The Caged Bird Sings." Uwo.ca. https://uwo.ca/se/thrive/blog/2022/book_review_and_analysis_on_i_know_why_the_caged_bird_sing.html

Sanders, C. R. (2020, February 25). Perspective | Katherine Johnson Should Also Be Remembered for Desegregating Higher Education. Washington Post. https://www.washingtonpost.com/outlook/2020/02/25/katherine-johnson-should-also-be-remembered-desegregating-higher-education/

Scott, M. (2019, April 24). Duke Ellington's Melodies Carried His Message Of Social Justice - UMBC: University Of Maryland, Baltimore County. UMBC. https://umbc.edu/stories/duke-ellingtons-message-of-social-justice/

Silverman, E. (2023, August 28). The 2023 March on Washington is Saturday. Here's what to know. Washington Post. https://www.washingtonpost.com/dc-md-va/2023/08/24/march-on-washington-2023-60th-anniversary-speakers-rally/

Slotnik, D. E. (2019, December 11). Overlooked No More: Bessie Coleman, Pioneering African-American Aviatrix. The New York Times. https://www.nytimes.com/2019/12/11/obituaries/bessie-coleman-overlooked.html

South African History Online. (2013). The Natives Land Act of 1913. Sahistory.org.za. https://www.sahistory.org.za/article/natives-land-act-1913

South African History Online. (2018, July 25). Nelson Rolihlahla Mandela. South African History Online. https://www.sahistory.org.za/people/nelson-rolihlahla-mandela

SparkNotes: I Know Why the Caged Bird Sings: Plot Overview. (2019). Sparknotes.com. https://www.sparknotes.com/lit/cagedbird/summary/

Spring, Dr. K. A. (2017). Biography: Maya Angelou. National Women's History Museum. https://www.womenshistory.org/education-resources/biographies/maya-angelou

ST. FLEUR, N. (2024, January 28). Bessie Coleman. National Geographic Kids. https://kids.nationalgeographic.com/history/article/bessie-coleman

Staff, F. (2021, January 12). Martin Luther King's Civil Disobedience Legacy. FindLaw. https://www.findlaw.com/legalblogs/law-and-life/martin-luther-kings-civil-disobedience-legacy/

Stanford University. (2023). Montgomery Bus Boycott | The Martin Luther King, Jr. Research and Education Institute. Kinginstitute.stanford.edu. https://kinginstitute.stanford.edu/montgomery-bus-boycott

Stauss, J. (2020, February 27). Katherine Johnson: Pioneering NASA mathematician. Space.com. https://www.space.com/katherine-johnson.html

Sympathy Introduction | Shmoop. (n.d.). Www.shmoop.com. https://www.shmoop.com/study-guides/sympathy/

Sympathy. (1899). Poetry Foundation. https://www.poetryfoundation.org/poems/46459/sympathy-56d22658afbc0

Teachout, T. (1996, September 1). (Over)praising Duke Ellington. Commentary Magazine. https://www.commentary.org/articles/terry-teachout/overpraising-duke-ellington/

The 25 Best I Know Why The Caged Bird Sings Quotes. (n.d.). Bookroo.com. https://bookroo.com/quotes/i-know-why-the-caged-bird-sings

The Legacy of Dr. George Washington Carver. (2024, February 20). National Centers for Environmental Information (NCEI). https://www.ncei.noaa.gov/news/legacy-dr-george-washington-carver

The Nobel Peace Prize 1984. (2019). NobelPrize.org. https://www.nobelprize.org/prizes/peace/1984/tutu/biographical/

The Remarkable Life Story of NASA Mathematician Katherine Johnson. (n.d.). Katherine Johnson. https://www.katherinejohnsonfoundation.org/biography/

TOP 25 QUOTES BY HARRIET TUBMAN | A-Z Quotes. (2016). A-Z Quotes. https://www.azquotes.com/author/14834-Harriet_Tubman

Tuskegee University. (2020). George Washington Carver | Tuskegee University. Tuskegee.edu. https://www.tuskegee.edu/support-tu/george-washington-carver

Veliz, L. (2022, April 28). How Did Maya Angelou Get Her Name? Grunge. https://www.grunge.com/846980/how-did-maya-angelou-get-her-name/

Wax, E. (2011, August 23). Martin Luther King's Nonviolent Civil Rights Efforts Still Inspire Across Globe. Washington Post. https://www.washingtonpost.com/lifestyle/style/martin-luther-kings-nonviolent-civil-rights-efforts-still-inspire-across-globe/2011/07/27/gIQA3Nj9YJ_story.html

Who is Rosa Parks? A Glimpse at the Journey of American Activist - ENGLISH TALENT. (2023, September 25). Englishtalent.edu.vn. https://englishtalent.edu.vn/en/who-is-rosa-parks-a-glimpse-at-the-journey-of-american-activist

Winnie Madikizela-Mandela (26 September 1936 – 2 April 2018) – Nelson Mandela Foundation. (2018, April 3). Www.nelsonmandela.org. https://www.nelsonmandela.org/news/entry/winnie-madikizela-mandela-26-september-1936-2-april-2018

Fuentes de imágenes

[1] https://pixabay.com/photos/power-freedom-male-slavery-strong-5508643/
[2] https://commons.wikimedia.org/wiki/File:Harriet_Tubman_1895.jpg
[3] https://commons.wikimedia.org/wiki/File:Undergroundrailroadsmall2.jpg
[4] ©copyright John Mathew Smith 2001.
https://commons.wikimedia.org/wiki/File:Nelson_Mandela_1994.jpg
[5] John Mathew Smith & www.celebrity-photos.com de Laurel, Maryland, EE.UU., CC BY-SA 2.0 <https://creativecommons.org/licenses/by-sa/2.0>, vía Wikimedia Commons. https://commons.wikimedia.org/wiki/File:Winnie_Mandela_2.jpg
[6] Loco Steve, CC BY-SA 2.0 <https://creativecommons.org/licenses/by/2.0>, vía Wikimedia Commons. https://commons.wikimedia.org/wiki/File:Statue_of_Nelson_Mandela,_Parliament_Square.jpg
[7] https://commons.wikimedia.org/wiki/File:Katherine_Johnson_1983.jpg
[8] https://commons.wikimedia.org/wiki/File:Katherine_Johnson_at_NASA,_in_1966.jpg
[9] https://commons.wikimedia.org/wiki/File:Katherine_Johnson_Receives_Presidential_Medal_of_Freedom.jpg
[10] https://commons.wikimedia.org/wiki/File:Duke_Ellington_1964.jpg
[11] https://commons.wikimedia.org/wiki/File:Cotton_Club_1930.jpg
[12] https://commons.wikimedia.org/wiki/File:Billy_Strayhorn,_Duke_Ellington,_Leonard_Feather,_and_Louis_Armstrong,_1946.jpg
[13] https://commons.wikimedia.org/wiki/File:Rosa_Parks_(13270402093)_(recortado).jpg
[14] English: Rmhermen en es.wikipedia Italiano: L'autore del caricamento è stato Rmhermen su en.wikipedia, CC BY-SA 3.0 <http://creativecommons.org/licenses/by-sa/3.0/>, vía Wikimedia Commons. https://commons.wikimedia.org/wiki/File:Rosa_parks_bus.jpg

[15] https://commons.wikimedia.org/wiki/File:Rosa_Parks_being_fingerprinted_by_Deputy_Sheriff_D.H._Lackey_after_being_arrested_on_February_22,_1956,_during_the_Montgomery_bus_boycott.jpg

[16] https://commons.wikimedia.org/wiki/File:Portrait_photograph_of_Maya_Angelou,_c._1974.webp

[17] https://commons.wikimedia.org/wiki/File:Portrait_photograph_of_Maya_Angelou_with_a_copy_of_I_Know_Why_the_Caged_Bird_Sings_in_Los_Angeles,_November_3,_1971.jpg

[18] https://commons.wikimedia.org/wiki/File:And_Still_I_Rise_front_cover,_1978_first_edition.jpg

[19] https://commons.wikimedia.org/wiki/File:Archbishop-Tutu-medium.jpg

[20] https://commons.wikimedia.org/wiki/File:South_African_Anglican_Archbishop_Desmond_Tutu.jpg

[21] Baek13, CC BY-SA 3.0 <https://creativecommons.org/licenses/by-sa/3.0>, vía Wikimedia Commons. https://commons.wikimedia.org/wiki/File:Plaque_de_r%C3%A9sidence_de_Desmond_Tutu.JPG

[22] https://commons.wikimedia.org/wiki/File:George_Washington_Carver_c1910_-_Restoration.jpg

[23] https://commons.wikimedia.org/wiki/File:The_Tuskegee_Faculty_Council,_1902.jpg

[24] https://commons.wikimedia.org/wiki/File:George_Washington_Carver-laboratory_equipment.jpeg

[25] https://commons.wikimedia.org/wiki/File:Martin-Luther-King-1964-leaning-on-a-lectern.jpg

www.ingramcontent.com/pod-product-compliance
Lightning Source LLC
Chambersburg PA
CBHW070335010526
44107CB00004B/517